VERONICA TUDOR

FISICO AL TOP

Esercizi e Programmi Di Allenamento a Corpo Libero Per Migliorare Forza e Forma Fisica. I Segreti Della Fitness Blogger Numero 1 In Italia

Titolo

"FISICO AL TOP"

Autore

Veronica Tudor

Editore

Bruno Editore

Sito internet

http://www.brunoeditore.it

Tutti i diritti sono riservati a norma di legge. Nessuna parte di questo libro può essere riprodotta con alcun mezzo senza l'autorizzazione scritta dell'Autore e dell'Editore. È espressamente vietato trasmettere ad altri il presente libro, né in formato cartaceo né elettronico, né per denaro né a titolo gratuito. Le strategie riportate in questo libro sono frutto di anni di studi e specializzazioni, quindi non è garantito il raggiungimento dei medesimi risultati di crescita personale o professionale. Il lettore si assume piena responsabilità delle proprie scelte, consapevole dei rischi connessi a qualsiasi forma di esercizio. Il libro ha esclusivamente scopo formativo.

Sommario

Introduzione — pag. 5

Capitolo 1: Come avere rapidamente un fisico al top — pag. 12

Capitolo 2: Come allenare la tua mente efficacemente — pag. 27

Capitolo 3: Come nutrirsi in maniera corretta — pag. 45

Capitolo 4: Come scegliere i migliori integratori — pag. 59

Capitolo 5: Come allenarti per avere un fisico al top — pag. 70

Esercizi — pag. 98

Conclusione — pag. 138

Ringraziamenti — pag. 140

Riferimenti — pag. 143

Risorse — pag. 144

Introduzione

Ciao, piacere di conoscerti, sono onorata che tu abbia il mio libro in mano! Tra il mondo del fitness e quello del wellness, sono più di dieci anni che ascolto storie. Storie di persone di diverse parti del mondo, di diverse età e percorsi. Storie soprattutto di donne, donne meravigliose che attraverso gli anni continuano ad impegnarsi per dare sempre il meglio di sé attraverso il fitness e uno stile di vita sano. Donne che giorno dopo giorno realizzano il loro progetto più bello: sé stesse.

In tutti questi racconti, quasi intrecciati tra loro, ho ritrovato in realtà sempre le stesse tematiche, declinate in sfumature e intensità differenti, ma in fondo accomunate dalle medesime problematiche. Ovvero, la volontà di cambiare, la speranza di migliorare, le scuse croniche, la vacillante autostima, lo scarso impegno e la poca costanza nel seguire una dieta o allenamento e la tendenza ad annullarsi – magari quando si diventa mamme – adattandosi agli altri e alla routine quotidiana che esse stesse hanno creato. In sostanza, il dimenticare di mettersi al centro della

propria esistenza, fino ad arrivare a un punto in cui la situazione non è più sostenibile. Ogni storia che ascoltavo in fondo si ripeteva, mi sembrava di essere davanti ad una formula in cui ogni racconto portava sempre alla solita conclusione.
Il 97% delle donne vuole dimagrire e tornare in forma, ma non fa nulla a riguardo. E se anche lo fa, a volte per brevissimo tempo, fa di testa propria ottenendo scarsissimi risultati se non addirittura peggiorare la situazione iniziale.

Se non ami te stessa per prima, è difficile che tu riesca ad ottenere il fisico dei tuoi sogni. Se invece sei chiara su chi sei e cosa vuoi, allora l'esteriorità sarà lo specchio della tua interiorità e il fisico al top arriverà.

Ho iniziato questo libro tante volte, in diverse parti del mondo durante viaggi di lavoro o per relax, scrivendo su foglietti di carta e al computer.

Da due anni, attraverso il mio blog www.veronicatudor.it e i social, aiuto centinaia di donne al giorno nel loro percorso di trasformazione fisica (e mentale). Ho raccolto tutte le loro storie, le ho analizzate come una ricercatrice trovando degli schemi base per individuare il miglior percorso per modellare il corpo con un metodo semplice, veloce e sicuro.

È così che ho ideato questo mio metodo, il metodo "Fisico al Top". Attraverso i 4 step fondamentali che ti propongo, prenderai in mano la tua vita e otterrai un fisico al top della forma riuscendo dove fino a ieri hai fallito. Te lo garantisco!

Il mio desiderio è che tu possa imparare i miei segreti di modella per ottenere risultati veri e sostenibili nel tempo senza stress e senza più ricadute.

Il metodo "Fisico al Top" è trasversale. Vale per ogni fase della vita nella quale ti trovi. Sia che tu sia già allenata e motivata ma vuoi aumentare le tue *performances*, sia che tu sia ferma da un po' di tempo e vuoi ritrovare la forma perfetta, e sia che tu sia la "lamentosa cronica" che attende il miracolo e non sa da dove partire per dimagrire e trovare la determinazione necessaria per cambiare stile di vita.

A volte ci si chiede quale sia il primo passo da fare. Il primo passo è agire! Per questo motivo ho deciso di scrivere il presente libro, perché voglio dire la mia sul lavoro che svolgo con passione in giro per il mondo da oltre dieci anni. Voglio condividere con te i miei metodi, spiegandoti i segreti per ottenere un fisico al top. Cercando un modo che ti aiuti a dare il meglio di te.

Ho scritto questo libro perché tu possa trovare strumenti pratici ed efficaci per essere la migliore versione di te stessa. L'ho scritto come strumento per chi vuole davvero ritornare in forma e cerca lo stimolo giusto per diventare una fit girl al 100%. Voglio renderti partecipe del mio approccio al fitness perché penso e spero che possa aiutarti e possa esserti utile per vivere la vita che vuoi tu.

Ecco com'è organizzato il volume:

4 STEP PER UN FISICO AL TOP
Step 1 – Allenamento mentale
Step 2 – Alimentazione
Step 3 – Integrazione
Step 4 – Allenamento fisico

Grazie a queste quattro fasi posso aiutarti davvero ad ottenere il fisico dei tuoi sogni:
– Senza spendere una fortuna!
– Senza uscire di casa!
– Senza investire troppo tempo!
– Senza acquistare nessun attrezzo!

Ma che risultati raggiungerò con "Fisico al Top"?
Grazie al mio esclusivo metodo di fitness al femminile, fin da subito noterai un miglioramento sul tuo livello di benessere nel corso della giornata.

– Perderai i chili di troppo
– Il tuo fisico sarà snello e tonico
– Eliminerai la ritenzione idrica
– Aumenteranno la forza e le energie
– Migliorerai la condizione fisica: il tono muscolare e le articolazioni
– Migliorerai le sensazioni fisiche di Benessere e vitalità
– Ridurrai la fame nervosa e conseguente sovrappeso.
– Ridurrai lo stress nel corso della giornata

– Migliorerai l'umore

…e tanto altro.

Questi sono i risultati che otterrai grazie a "Fisico al Top". Il metodo più veloce ed efficace per passare da una situazione:
– in cui il tuo corpo non è quello che desideri
– sei intrappolata nello stress della tua routine giornaliera

…a una situazione in cui avrai:

– un fisico snello e tonico che ti permetterà di indossare qualsiasi vestito tu voglia
– più forza ed energia nelle tue giornate.

Voglio che tu sappia che questa non è una semplice guida, ma un programma completo, frutto di anni di esperienza nel fitness modelling.

Fisico al Top è un CONCENTRATO di conoscenze, mie e del mio team di professionisti accreditati, in merito all'allenamento Total body. In questa guida ti svelerò tutto ciò che devi sapere per ottenere il fisico che hai sempre desiderato, e mantenere una forma fisica ideale per sempre!

Ti farò sudare, ma alla fine delle 4 settimane la tua soddisfazione sarà al top. È molto semplice: è sufficiente che tu segua le mie indicazioni e in poco tempo raggiungerai il tuo obiettivo. Sono entusiasta di condividere con te i miei segreti in questo programma completo, ma soprattutto sono entusiasta di potertelo far provare. In sole quattro settimane, e senza dover fare sacrifici assurdi, anche tu potrai vedere risultati straordinari con questi allenamenti suddivisi per obiettivi. Ecco il mio regalo per te! A questo punto, voglio condividere con te la mia citazione preferita:

"Cambia le tue abitudini e otterrai il fisico dei tuoi sogni".
(Veronica Tudor)

E ora non mi resta altro da fare che augurarti buon viaggio e buon allenamento!

Capitolo 1:
Come avere rapidamente un fisico al top

Magari ci conosciamo già. Forse hai letto uno dei miei post nel blog o mi hai visto in uno dei miei video, oppure ci siamo incontrate a qualche fiera del fitness, o ancora mi hai visto nel mio magazine nelle farmacie. In questo caso lo sai già: sono una modella e fitness blogger e da anni aiuto le donne a migliorare la propria vita attraverso il fitness.

Potrei definirmi "la Fitness coach delle donne": aiuto le donne a raggiungere i risultati che sognano, trasformando il loro corpo fino al raggiungimento di risultati reali. Impegno, metodo e determinazione sono i fattori che fanno la differenza nei miei programmi di allenamento per essere sempre in forma, in salute e in bellezza.

Vuoi sapere come nasce la mia passione per il fitness? Ho iniziato ad allenarmi all'età di 19 anni. Facevo già la modella da qualche tempo. Ricordo che i primi esercizi li praticavo nella mia cameretta, con il volume della musica di un vecchio walkman al massimo. Fu così che nacque la mia passione per l'attività fisica. In quel periodo era di moda "andare in palestra".

All'inizio ero timida e scoordinata, non conoscevo nulla e facevo tutto di testa mia. Rubavo agli altri l'esecuzione degli esercizi, senza nessun criterio ed ordine logico, infatti i risultati non arrivarono. Presto mi resi conto che per mantenere le mie forme di modella dovevo seguire una routine ben precisa. Fu così che lasciai le mie convinzioni di autodidatta ed iniziai ad allenarmi con un personal trainer certificato.

Grazie al suo aiuto e al mio impegno quotidiano ho acquisito un corretto stile di vita che ancora oggi fa la differenza nelle mie giornate. Negli anni mi sono appassionata sempre più al mondo del fitness, tanto che non riuscirei più a immaginare la mia vita senza. Così ho aperto un blog e ogni giorno aiuto centinaia di donne che vogliono dimagrire e tornare in forma. Alcuni lo chiamano lavoro, io la chiamo passione.

Essere in forma è semplice (se sai come fare)
È quello di cui sono convinta oggi: essere in forma è semplice. Si tratta solo di sapere come fare a renderlo tale. La maggior parte delle persone, e forse anche tu che stai leggendo, sta pensando: "Non è vero. Non è semplice, è faticoso e ci vogliono impegno e sacrificio…".

Una volta lo pensavo anch'io ed era una mia convinzione. Credevo che, se volevo tornare in forma, avrei dovuto fare fatica e sacrifici rinunciando ai miei cibi preferiti. Insomma, avrei dovuto vivere una vita d'inferno. Quante volte hai pensato: "Lunedì inizio la dieta…". – "Non riuscirò mai a tornare in forma…". – "Se faccio pesi, divento come un uomo…".

Ciascuna di noi ha delle idee ben precise, delle convinzioni che determinano la direzione della nostra vita. Le convinzioni avevano creato anche in me una realtà d'inferno in cui vivevo infelice. Poi, un giorno ho detto "basta" e ho deciso che avrei cambiato le cose. Ho iniziato a modificare ciò che ritenevo possibile e vero. Ho messo in dubbio le mie convinzioni e le tecniche che usavo. Fare sempre le stesse cose e pensare di ottenere risultati diversi è pura follia. Per questo, come ti ho raccontato, ho smesso di pensare "secondo me" e mi sono fatta guidare da dei professionisti.

Una delle prime cose che ho imparato è che si può dimagrire, tornare in forma e mantenere il proprio peso imparando a usare in modo efficace mente e corpo. So che in questo momento ancora non ci credi. Andando avanti probabilmente ritornerai a queste prime pagine del libro nelle quali ti ho anticipato tutto ciò. Il punto è che la mente in sinergia con il corpo è uno strumento a tua disposizione estremamente potente. Lasciati guidare e imparerai a usare al meglio le tue risorse per ottenere il corpo che tanto desideri ma che oggi ti sembra così lontano.

Ti sei mai chiesta perché non sei tonica e snella? Lo so che questa non è domanda che fa piacere sentirsi fare… ma è fondamentale. Ti sei mai chiesta cosa ti differenzia da una persona con un fisico atletico? So che questa forse è anche peggiore! Ma è decisamente fondamentale perché se davvero vuoi ritrovare il tuo peso ideale e mantenerlo nel tempo devi sapere cosa fanno le persone per essere snelle e toniche.

Inizia il tuo viaggio

Fisico al Top è un libro che, a differenza di altri testi, come noterai andando avanti e mettendo in pratica quello che leggi, ti svela i segreti per un corpo sano e bello. Ci sono persone che iniziano, fanno i primi passi, magari cominciano una dieta o si iscrivono in palestra e poi al primo ostacolo lungo la strada si bloccano. Alcune cadono prese da attacchi di fame, altre a causa dei primi dolori muscolari e altre ancora perché apparentemente non vedono i risultati e quindi giungono alla seguente conclusione: "Non fa per me, per me non funziona". Lascia che ti dica una cosa, sicuramente non funzionerà per queste persone.

Questo è un libro che ti permette di dedicare la massima concentrazione ad ogni allenamento ottenendo straordinari risultati. È una guida pratica per le donne che desiderano avere un fisico snello e tonico nella comodità della propria casa, contando sulla massima motivazione ogni giorno. È un programma completo di fitness che ti consentirà di preparare il tuo corpo per la tanto temuta prova costume, indossando il tuo nuovo fisico al top.

Questo testo ti darà metodi, tecniche e segreti e saprà offrirti un approccio diverso e un sostegno a 360° per aiutarti a dimagrire e ritrovare la tua forma ideale, il benessere e un nuovo equilibrio.

Quindi ti auguro una buona lettura e applicazione!
E ti ricordo che io sono al tuo fianco in questo viaggio!
Sei pronta? Partiamo!

Come ottenere risultati rapidi e sostenibili
Inizio subito col dirti che un programma di fitness non deve per forza essere difficile o drastico per portare dei risultati ben visibili sul tuo fisico. È naturale che se devi perdere 20 chili, probabilmente impiegherai più tempo di me per vedere finalmente la tua pancia piatta, ma con l'impegno e grazie a questo programma puoi anche tu ottenere risultati strepitosi e soprattutto evidenti.

Il mio preparatore atletico mi dice sempre che non devo smettere di mangiare per avere un fisico al top e bello da vedere, anzi, se desidero avere un fisico atletico e in salute tutto l'anno devo mangiare a sufficienza per nutrire il mio corpo e avere così l'energia per sostenere gli allenamenti e le altre attività quotidiane.

Riguardo all'allenamento, invece, a volte rimango sorpresa di quanto breve sia, ma come ho imparato negli anni non è la durata dell'allenamento ad essere determinante ma la sua "intensità".

Un po' come in una storia d'amore: non importa quanto dura ma con quanta intensità la si vive! Le storie d'amore più grandi anche se durano anni si possono racchiudere nei pochi secondi di un battito di ciglia o di cuore.

Spero ti sia piaciuto questo leggero excursus sull'amore, non è stato casuale perché per trasformare il tuo fisico devi imparare ad amarti. Non serve a nulla torturarti con allenamenti noiosi e ore di corsa debilitanti, magari correndo sul ciglio di una strada in mezzo allo smog.

Se desideri veramente trasformare il tuo fisico, o anche soltanto una parte di esso, la cosa migliore è adottare un programma preciso e sostenibile nel tempo.

Una dieta che ti priva di tutto quello che ti piace o un programma di allenamento troppo invasivo nella tua vita ti costringerebbero a mollare prima di vedere qualche risultato! Ti è mai capitato? Ecco perché ho deciso di condividere con te questo semplice e pratico programma:

1. è sostenibile, non c'è nessuna privazione particolare ma potrai continuare a mangiare i tuoi cibi naturali preferiti;
2. puoi gestire l'allenamento in base al tuo livello atletico attuale e migliorare di settimana in settimana;
3. puoi gestire il tempo dell'allenamento in base alle tue attività quotidiane in modo da non avere lo stress di fare tutto di fretta per tornare a lavoro.

Se queste premesse ti piacciono, ti consiglio di continuare a leggere perché le sorprese non sono affatto finite.

Sei pronta? Partiamo! Voglio iniziare con lo svelarti alcuni segreti che ho imparato durante il mio percorso: possono sembrare banali ma a volte non ci si pensa.

Sai quando un programma fitness è veramente sostenibile? Quando ti diverti! Pensaci, a chi piace fare qualcosa di noioso? A chi piace cercare di fare qualcosa in cui non riesce affatto? Beh, a me sicuramente no. Per questo un buon programma fitness deve essere basato su esercizi semplici.

Ma semplici non vuol dire che non siano efficaci, anzi, anche perché con l'esperienza scoprirai che c'è sempre spazio per migliorare e rendere anche l'esercizio più semplice molto performante. Mi spiego meglio: un esercizio è un insieme di movimenti, realizzati da un insieme di muscoli che si contraggono in sinergia e in una sequenza precisa.

Le variabili a nostra disposizione già in questo caso non sono certo poche e ti garantisco che il mio personal trainer mi ha corretto veramente tante volte, soprattutto all'inizio: c'era sempre qualche muscolo che non lavorava a sufficienza o non era in stretta sinergia con gli altri.

Dopo i muscoli da attivare abbiamo la variabile "tempo", anche questa molto importante soprattutto per migliorare il parametro fondamentale e determinante di ogni allenamento: l'intensità.

Eseguire lo stesso esercizio per 10 o per 60 secondi è sicuramente diverso, soprattutto quando si tratta di esercizi che prevedono una posizione statica (in isometria quindi) da mantenere in modo perfetto.

Altro parametro di prim'ordine è la "rapidità" di esecuzione, in poche parole quante ripetizioni dell'esercizio una persona riesce ad eseguire in un tempo indicato. Anche questo parametro aumenta non di poco la difficoltà dell'allenamento, ma è variabile in base alle capacità di ciascuno.

Come vedi, i segreti per un buon programma fitness non sono poi questi grandi misteri esoterici che certi guru del web vorrebbero farti credere; ma come tutte le cose ben esposte alla luce del sole spesso vengono ignorate per concentrarsi su altre più futili come le diverse varianti degli esercizi, il numero di ripetizioni o l'integratore miracoloso.

Come spesso capita nella vita il segreto del successo sono la semplicità e la costanza.

Ovviamente, affinché tu possa ottenere risultati rapidi è però necessaria una buona dose di attenzione e precisione nel seguire il programma. Se poi vuoi che questi risultati rimangano stabili nel tempo, o addirittura desideri migliorare ancora, sarà necessario fare ulteriori progressioni e strutturare un programma via via sempre più dettagliato e personalizzato in base alle tue caratteristiche.

Uno dei segreti fondamentali per trasformare veramente il tuo corpo è ricordarti che tu sei unica ed hai bisogno di soluzioni specifiche, ben mirate e create su misura soltanto per te.

Proprio per aiutarti ad iniziare la tua trasformazione abbiamo suddiviso il programma in 4 step fondamentali che dovrai seguire per arrivare ad ottenere un fisico al top.

Nei prossimi capitoli andremo a vedere nel dettaglio questi 4 step fondamentali che sono: l'allenamento mentale, l'allenamento fisico, l'alimentazione e l'integrazione.

Le 4 fasi di un fisico al top
1. Allenamento mentale

Nella prima fase imparerai a essere guidata in un percorso innovativo di coaching per il fitness. È di fondamentale importanza che, prima di ogni workout, tu riesca a dedicare del tempo all'allenamento mentale: solo in questo modo sarai sicura di raggiungere il risultato sperato.

2. Alimentazione
Scoprirai come nutrirti nel modo corretto per giungere a destinazione. Accettare la realtà è il primo passo per scoprire dove ti trovi e come fare per migliorare le tue abitudini alimentari.

3. Integrazione
Un metodo semplice e veloce, da seguire passo passo, che gradualmente ti permetterà di tornare in forma con il giusto piano di integrazione alimentare.

4. Allenamento fisico
In questa seconda fase è il momento di agire per trasformare i tuoi sogni in obiettivi e quindi in risultati. Nelle prossime 4 settimane, attraverso i workout mirati che ti proporrò, trasformerai il tuo fisico al top della forma. Scolpisci il tuo corpo con semplici ed efficaci allenamenti.

Spesso vedo ragazze che cercano di ottenere risultati applicandosi per lo più in uno solo di questi step: c'è chi preferisce fare la dieta ma non sopporta di stancarsi nell'attività fisica, chi segue numerosi coach motivazionali ma poi rimanda sempre l'inizio del programma, chi si esaurisce in allenamenti drastici e costanti ma non vuole modificare in alcun modo la sua alimentazione. C'è chi poi ha la dispensa piena degli ultimi ritrovati brucia-grassi e drenanti, ma non ha alcuna intenzione di allenarsi seriamente o migliorare l'alimentazione.

Voglio svelarti un segreto: il risultato rapido e sostenibile è dovuto proprio alla perfetta sinergia fra i 4 step, applicarne uno soltanto per comodità o gusto personale non ti consentirà di arrivare all'obiettivo.

Ti spiego subito perché con alcuni esempi: se ti concentri soltanto sulla dieta, magari per dimagrire, è sicuro che perderai peso ma alla fine del programma ti troverai flaccida e senza tono muscolare.

Se invece sei una persona che si esaurisce in allenamenti devastanti tutti i giorni probabilmente riuscirai a migliorare la tua massa muscolare ma senza perdere grasso ti ritroverai dimensionalmente più grossa.

Chi poi segue tutte le pagine Facebook o i canali Youtube possibili per motivarsi ma non applica mai nulla nella quotidianità ovviamente rimarrà sempre uguale, così come si imbottisce di integratori senza allenarsi o alimentarsi adeguatamente non vedrà dei risultati.

Come puoi capire dalla premessa questi step sono realmente potenti solo se organizzati in sinergia e modellati sulle tue uniche caratteristiche. Questo punto lo sentirai ripetere spesso nel presente volume: il fatto è che voglio che ti entri bene in testa perché è una delle cose più importanti in assoluto.

Ma ora credo sia giunto il momento di approfondire i quattro step fondamentali per arrivare ad ottenere un fisico al top: partiremo con l'allenamento mentale, per passare all'alimentazione e all'integrazione e infine parleremo approfonditamente dell'allenamento.

RIEPILOGO DEL CAPITOLO 1:

- SEGRETO n. 1: per trasformare il tuo fisico devi saperti amare, è il primo passo per realizzare il tuo progetto più bello: te stessa.
- SEGRETO n. 2: adotta un programma sostenibile come quello che voglio proporti in questo volume e smettila con le privazioni!
- SEGRETO n. 3: devi mangiare in modo adeguato al tuo fabbisogno energetico quotidiano, quindi mangiare troppo poco e fare troppe rinunce è controproducente.
- SEGRETO n. 4: allenati intensamente per poche decine di minuti anziché correre per ore senza una meta ben precisa (obiettivo).
- SEGRETO n. 5: il programma fitness migliore per trasformare il tuo fisico è quello che ti permette di divertirti: si basa sulla semplicità degli esercizi proposti, sull'elasticità del tempo e sulla capacità progressiva di migliorare la rapidità di esecuzione.
- SEGRETO n. 6: la sinergia perfetta fra i 4 step fondamentali.

Capitolo 2:
Come allenare la tua mente efficacemente

Prima di impegnarti nella dieta e con gli allenamenti è importante riservare attenzione all'analisi del qui e ora, è necessario che tu faccia una fotografia per verificare opportunamente il tuo atteggiamento mentale.

Partire senza un attento studio della situazione attuale, infatti, sarebbe come partire in auto per un lungo viaggio con il sospetto di non aver fatto il pieno di carburante. Meglio verificare, non credi?

Prima di iniziare, cerca di capire qual è il tuo punto di partenza. Cioè da dove inizi, qual è il livello di consapevolezza e di determinazione in questo momento: se sei già motivata e hai solo bisogno di ritrovare un atteggiamento mentale positivo, o sei completamente fuori strada e senti la necessità di seguire un allenamento con costanza.

Ricorda: questo programma è stato studiato per farti arrivare alla fine del percorso con successo, cioè con dei risultati reali!

Fidati di me e segui i miei consigli. Non tralasciare questa importante fase. Hai bisogno di comprendere appieno il tuo reale stato mentale per portare a termine con successo la dieta e l'allenamento. Se passerai oltre e non rispetterai le fasi descritte nel programma, ti assicuro che presto ti verrà meno la motivazione, perderai il focus sull'obiettivo e ti ritroverai a rimpiangere di non essere riuscita ad ottenere il fisico che meriti.

Nelle prossime pagine ti guiderò passo per passo con il mio metodo esclusivo per allenare la tua mente.

Cambia la tua mente, cambia il tuo corpo.
In altre parole, se vuoi cambiare il tuo corpo, devi prima cambiare la tua mente, e adottare l'atteggiamento mentale giusto. È il primo passo per trasformare il tuo fisico in quello che desideri. Sono stata per anni invidiosa del fisico delle mie amiche e college modelle prima di avere anch'io l'aspetto che volevo, e finché non ho rivisto il modo in cui consideravo il cibo e le mie abitudini non sono stata in grado di diventare tonica

e snella al massimo delle mie possibilità.

Se anche tu inizierai a considerare in modo diverso il cibo, l'esercizio fisico e la percezione che hai della tua immagine, avrai acquisito l'atteggiamento mentale giusto per riuscire a cambiare il tuo corpo in modo veloce e positivo. Ecco come fare.

Smetti di pensare di dover fare una dieta per perdere peso.
Le diete restrittive non funzionano. Lo so perché ne ho provate moltissime quando ero una giovane modella. Ogni volta, mi basavo sul fatto che ridurre i carboidrati, aumentare le proteine o eliminare cereali e latticini mi avrebbe aiutato a dimagrire e a costruirmi un fisico da modella al top. Ed ogni volta che seguivo queste diete mi sentivo a disagio, ero molto nervosa, triste e la cosa assurda era che il mio aspetto non era cambiato ma il mio umore sì, e ciò mi faceva sentire molto peggio. Per la maggior parte delle donne è difficile accettare che in realtà le diete non funzionano. È una convinzione che ci è stata inculcata dalla società moderna attraverso i media, e da chi si arricchisce vendendo cibi e programmi molto dietetici. Un giorno poi ci si rende conto che la realtà è ben diversa: i risultati sono scarsi e non si riesce a mantenere il peso raggiunto per più di un mese. I corpi perfetti delle celebrità dopo l'ultima dieta di tendenza ci

influenzano e perfino i consigli delle nostre amiche ci dirottano verso una convinzione errata.

La realtà è ben diversa e anche la ricerca ha dimostrato che il 97% di coloro che si mettono a dieta recupera i chili persi nel giro di tra anni. Perfino gli scienziati sono rimasti sorpresi nel concludere che uno dei maggiori responsabili dell'aumento di peso è l'aver fatto di recente una dieta. Pazzesco! Sei ovviamente libera di pensare che le diete debbano funzionare perché se ci sono così tanti esperti, riviste e libri che ci spiegano che dobbiamo farla, non potrà essere così dannoso provarle.

Ti voglio dire che invece potresti avere due grossi danni potenziali: la dieta restrittiva può mettere a rischio la tua salute fisica e sabotare la tua salute mentale. Ed eccoci finalmente al punto saliente del capitolo: infatti, spesso, queste diete causano una perdita di energia, di massa muscolare e provocano deficit nutrizionali. Oltre ad aumentare il rischio di patologie anche gravi come diabete, obesità, disturbi del sistema cardiocircolatorio e affaticamento cronico.

Ma torniamo alla mente: la ricerca è chiara: più si sta a dieta meno è probabile che ci si senta felici. La dieta è un'esperienza deprimente. A te piace avere sempre fame? Di certo a me no! Quando la tua mente è negativa, lo sono i tuoi pensieri e le parole che usi e anche il tuo corpo reagisce di conseguenza abbassando i livelli di serotonina. Si vive in uno stato di infelicità che può portare a maturare una vera e propria dipendenza dal cibo, a dannose abbuffate e alla diminuzione dell'autostima.

I primi anni da modella per me sono stati un vero incubo, ero costantemente a dieta per mantenere un peso forma "ideale" per le agenzie, ma non certo per me. Figurati che appena arrivata in Italia ero circondata ogni giorno da pane, pizza e pasta. E così, nonostante fossero tutti cibi "vietati" dalla dieta, in momenti di debolezza mi abbuffavo. Il problema è sempre stato il mattino seguente: gonfiore, nausea, sensi di colpa, perdita di autostima e vergogna per me stessa.

Perché ti racconto tutto questo? Mentre io alla fine mi ripresi dal disagio fisico e mentale, per chi è perennemente a dieta, invece, il senso di colpa e la diminuzione dell'autostima non finiscono mai.

Quindi dalle mie parole ti sarà chiaro che smettere di pensare di dover fare a tutti i costi una dieta per perdere peso è il primo step per un atteggiamento mentale positivo. Togliti dalla mente che magrezza sia sinonimo di bellezza.

Il messaggio che deve arrivare è questo: per essere belle non bisogna essere per forza magre. Secondo me, se vuoi davvero ottenere un fisico al top, snello e tonico, devi prima di tutto renderlo forte interiormente. Il giusto atteggiamento mentale, la proattività e la positività sono condizioni ideali per una mente forte. E quando la tua mente sarà forte, allora anche il tuo fisico sarà al top.

Devi sapere che corpo e mente lavorano insieme. Mi spiego meglio: il corpo fa ciò che la mente comanda. Ciò significa che, se pensi che essere magra sia bello, tutte le azioni che metterai in pratica saranno orientate in quella direzione. Cambiare l'idea che per essere belle bisogna essere magrissime è una convinzione che devi necessariamente abbandonare.

Per imparare tutto questo ho impiegato anni. Sono consapevole del mio aspetto e ho accettato i miei limiti perché quello che conta davvero non sono i numeri che appaiono sulla bilancia, ma ciò che vedo allo specchio quando mi guardo. Quello che conta davvero è come ti senti con il tuo corpo, lo strumento più importante che hai a disposizione in questa unica vita. Se lo accetti, lo apprezzi e ti impegni a migliorarlo per sfruttarlo a tuo vantaggio, accrescerai la fiducia in te stessa, migliorerai il tuo umore, ti vedrai più bella, e anche le persone a te vicine ti vedranno con occhi diversi.

Imparare ad accettare il proprio corpo senza canoni prestabiliti non è facile, ma è un passo fondamentale per un atteggiamento mentale forte che ti permetterà di essere sempre motivata e determinata a raggiungere il tuo obiettivo. Non importa quanti e quali siano i difetti che pensi di avere, conta quello che fai tutti i giorni per migliorarti. Non importa quanto grasso riuscirai a perdere o a quanto tonica sarai dopo aver letto questo libro, conta la forza di volontà che ci avrai messo per diventare la migliore versione di te stessa.

Dopotutto, il tuo corpo e il tuo aspetto sono effimeri; tutte noi perdiamo massa muscolare, tutte invecchiamo e l'aspetto che abbiamo oggi non sarà quello che avremo tra dieci anni. Lo so, può sembrare assurdo detto da una modella il cui libro è intitolato *Fisico al Top*, ma se riuscirai ad amare te stessa, sarai bella dentro e fuori, indipendentemente dal modo in cui il tuo corpo cambierà nelle prossime settimane, mesi e anni.

Basta Scuse. Se desideri davvero trasformare il tuo corpo per ottenere un fisico al top, la prima cosa da fare è smetterla di trovare scuse. Se trovi ogni giorno il tempo per guardare la tv, per leggere le mail, per curiosare sui social media allora hai anche il tempo per fare il tuo allenamento.

Ti è mai capitato di dire: "il tempo è volato"? Migliorare la gestione del proprio tempo significa migliorare la gestione della propria vita. Ma si può gestire il tempo? La risposta è No! Per quanto tu sia organizzata, efficiente ed efficace, una giornata avrà sempre e solo 24 ore. Tutto ciò che puoi gestire è te stessa ed il modo in cui spendi il tempo a tua disposizione. Per raggiungere con successo il termine del programma "Fisico al Top" è necessario limitare il più possibile le attività che ti fanno allontanare dei tuoi obiettivi.

Molte donne si focalizzano sulle banalità invece che sulle cose importanti. E poi alla fine della giornata si chiedono: "perché non ho fatto l'allenamento?".

La tua capacità di riconoscere le cose a cui dire Sì da quelle a cui dire No determina quanto riuscirai a migliorare il tuo fisico. Insomma, diventa una sana egoista e inizia a difendere il tempo che decidi di dedicare a te stessa, perché è importante.

Decidere è recidere. Lo sapevi che il verbo "decidere" deriva dalla stessa radice di "recidere"? Quando prendi una qualsiasi decisione, stai contemporaneamente decidendo di escluderne un'altra.

Se decidi di eseguire uno dei workout di questa guida per 30 minuti, stai simultaneamente decidendo di rinunciare a 30 minuti di un'altra attività, come ad esempio guardare la tv, o rimanere in ufficio per altri 30 minuti.

Consiglio: decidi ciò che vuoi fare della tua salute, decidi cosa è veramente importante e agisci di conseguenza. Svolgi le azioni che ti porteranno al successo e delega il resto. Se farai in questo modo acquisirai più serenità e forza mentale, aumenterà il tuo senso di compiacimento e di gratificazione sapendo di aver compiuto qualcosa di importante per te.

Utilizza un calendario per gli allenamenti. Prendi un'agenda, siediti e pensa a quale sia l'ora più adatta per allenarti almeno tre volte alla settimana. Io ti consiglio di preferire le prime ore del mattino, così, se hai qualche impegno durante la giornata o alla sera, eviti di dover scegliere fra un appuntamento e l'altro o tra due differenti attività.

Qualunque orario tu scelga, annotalo sul calendario settimanale: ti verrà molto più semplice rispettarlo senza domandarti la mattina appena sveglia quale sia l'attività che devi svolgere. Con un piano ben organizzato e preciso, non ti sarà assolutamente difficile inserire l'attività fisica nella tua routine quotidiana e diventerà così un'abitudine acquisita come fare la doccia o portare fuori il cane.

La programmazione è fondamentale per iniziare a modificare le tue abitudini e trasformarle in comportamenti consolidati nella tua routine.

Scegli obiettivi realistici. Saper definire un obiettivo è fondamentale: un obiettivo infatti non deve essere né troppo facile

(ti annoierebbe), né troppo difficile (ciò che concepisci come impossibile ti demotiva).
Se vuoi ritrovare la motivazione devi porti un obiettivo chiaro, raggiungibile e misurabile. Sono certa che intuitivamente hai compreso di cosa ti sto parlando perché se mi segui sei una tosta.

Qual è il tuo obiettivo? Ti piacerebbe scoprire quali sono gli obiettivi che davvero funzionano nella pratica quotidiana? Allora continua a leggere.
Ti è mai capitato di porti un obiettivo di questo tipo: "Voglio perdere 5 chili in 60 giorni!"? (adatta il numero di chili e di giorni al tuo specifico caso e continua a leggere). La domanda è: l'hai poi raggiunto? Se hai risposto Sì, complimenti, brava! (ma non sono ancora finite le domande per te).

Sei poi riuscita a mantenere quel peso? Perché è proprio questo il vero obiettivo: raggiungere un nuovo livello e mantenerlo o addirittura continuare a migliorarlo.
Se hai risposto No, o non sei riuscita a mantenere i risultati raggiunti, ti sei poi chiesta cosa sia andato storto?

Se vuoi davvero raggiungere un obiettivo devi cercare di tradurlo in termini di obiettivo di processo, ovvero devi individuare ed instaurare quelle abitudini quotidiane che ti permettono di raggiungerlo. Come fare?

Forma un obiettivo S.M.A.R.T.
Specifico
Misurabile
Attivabile
Realistico
Temporizzato
Consiglio: per rafforzare i tuoi obiettivi e stamparli bene in mente devi metterli per iscritto in maniera dettagliata. Il semplice gesto di scriverli stimola il tuo inconscio.

SMART
Le 5 cose che devi sapere per passare dalle parole ai fatti

1. Specifico
L'obiettivo deve essere specifico e non vago. Stabilisci con precisione che cosa desideri veramente. Parla al presente: sto facendo, voglio, da ora in poi... E soprattutto esprimilo in

termini POSITIVI. Non ti soffermare su immagini negative. Quindi per esempio "non voglio più le gambe grosse", deve essere trasformato in "VOGLIO migliorare tot centimetri la circonferenza delle gambe".

2. Misurabile

L'obiettivo deve essere misurabile; ciò permette di capire se il risultato atteso è stato raggiunto o meno, ed eventualmente quanto si è lontani dalla meta. "VOGLIO migliorare di tot centimetri la circonferenza delle gambe". In particolare voglio diminuire di 4 centimetri la circonferenza; questo esempio è molto chiaro: ci sono delle quantità oggettive che possono essere misurate. Non è un vago pensiero senza confini (non voglio le gambe grosse).

3. Attivabile

L'obiettivo deve essere realizzabile considerando le risorse e le capacità a propria disposizione. Questo presuppone di avere il pieno controllo sul risultato. Il risultato deve dipendere solo e soltanto da te. Le domande che possiamo farci per verificare se è attivabile potrebbero essere:
– Che cosa posso fare io per raggiungere l'obiettivo?
– Come posso fare per mantenerlo?

– Il suo raggiungimento coinvolge altre persone oltre a me?

4. Realistico

Obiettivi raggiungibili, senza rinunciare ai propri sogni. Devi solo sapere se è realisticamente raggiungibile con le tue risorse attuali. Non deve essere impossibile da perseguire perché il rischio è quello di ridurre la motivazione. Se è troppo lontano dalla realtà finisce per non essere preso sufficientemente in considerazione a livello inconscio perché ci si scoraggia. Ma allo stesso tempo deve essere una sfida per stimolarti all'azione. Per esempio, dimagrire di 5 chili (di grasso) in 5 giorni NON è (scientificamente) possibile. 5 chili in 5 settimane sì.

5. Temporizzato

L'obiettivo deve essere basato sul tempo, cioè occorre determinare il periodo di tempo entro il quale esso va perseguito. Deve avere una data di inizio e di fine. Confini definiti permettono di controllare i risultati. Se delimiti in maniera precisa un desiderio e gli dai una scadenza, stai trasformando i tuoi sogni in OBIETTIVI: stai facendo il primo fondamentale passo per realizzarli.

I miei consigli per un atteggiamento mentale vincente:

INIZIA!
Semplice! La motivazione è un po' come l'appetito: vien mangiando... Se non hai voglia di allenarti inizia a fare qualche salto sul posto. Se non te la senti di andare in palestra, indossa le scarpe da ginnastica, prendi la borsa ed esci. Non pensare: quando sei demotivata, il tuo cervello non farà altro che darti ottime ragioni per non fare quello che devi fare: inizia semplicemente, tutto il resto verrà naturale.

SCOPO
Non c'è nulla di più motivante di sapere qual è il vero scopo che ti spinge ad essere consapevole ogni giorno e ti orienta passo dopo passo nella giusta direzione. Eh... belle parole, Veronica, ma trovare lo scopo della propria vita non è semplice e veloce!

Hai ragione, io stessa ho impiegato un po' di tempo, ma la cosa importante è orientare i pensieri verso una direzione che ci renda felici. Fermati, rilassati e chiediti: "Perché voglio essere in forma?". Pensaci un po', non darti una risposta superficiale in pochi minuti! Non servirebbe a nulla! Trova il vero motivo per cui vuoi FARE!

OBIETTIVO

Saper definire un obiettivo è fondamentale. Un obiettivo deve possedere il giusto equilibrio: non troppo facilmente perseguibile (così infatti sarebbe banale e inutile), né troppo arduo altrimenti porterebbe a scoraggiarsi.

L'obiettivo deve essere commisurato alle proprie capacità e proporzionato agli sforzi che ciascuno può compiere. Ciò che conta veramente saranno la costanza e l'impegno.

PIANIFICA

Sai cosa c'è di più motivante di un obiettivo? Un obiettivo con un piano di azione. Fissare il traguardo e poter vedere tutte le tappe che ti porteranno a raggiungerlo ti dà un senso di sicurezza ed un'energia unici. Questo non significa dover pianificare ogni azione nei minimi dettagli: sii flessibile, utilizza gli insuccessi per migliorare il tuo piano, e considera le "pause" come tappe imprescindibili del tuo percorso di successo.

AGISCI

Non è un caso che la parola motivazione contenga al suo

interno il termine azione: MOTIV-AZIONE.

L'azione infatti è la miglior tecnica di motivazione che io conosca. #bastascuse!# DATTIUNAMOSSA e AGISCI! Immagina come ti sentiresti se, guardandoti alle spalle, potessi vedere una lunga serie di giornate in cui hai portato avanti costantemente e a piccoli passi i tuoi obiettivi: non male vero? Sconfiggi la pigrizia e FAI, oggi stesso, un piccolo passo nella giusta direzione.

È ORA DI ENTRARE IN SCENA!
Segui questi 3 semplici passi:

1. PRENDI L'IMPEGNO con 3 amiche: dichiara loro che vuoi trasformare il tuo fisico nelle prossime 4 settimane.

2. FAI QUALCOSA DI NUOVO: nutri il tuo corpo e la tua mente con nuovi stimoli.

3. SMETTI DI FARE CIÒ CHE TI FA MALE: impegnati a non mangiare più male, ad essere inattiva ecc.

RIEPILOGO DEL CAPITOLO 2:

- SEGRETO n. 1: essere nelle giuste condizioni di pace e tranquillità ti permetterà di valutare la tua condizione attuale.
- SEGRETO n. 2: per migliorare il tuo allenamento mentale devi cambiare le tue convinzioni e abitudini.
- SEGRETO n. 3: smettila di trovare scuse e agisci.
- SEGRETO n. 4: organizza il tuo calendario pianificando con anticipo le pause che ti serviranno per eseguire i tuoi allenamenti.
- SEGRETO n. 5: impara a costruire un obiettivo SMART.
- SEGRETO n. 6: non trascurare l'allenamento mentale, evita di avere fretta e prenditi il tempo che ti serve.

Capitolo 3:
Come nutrirsi in maniera corretta

In un programma fitness l'alimentazione occupa una parte rilevante e determinante per raggiungere il risultato nei tempi stabiliti: ovvio, dirai. Certo, ma non è così ovvio quello che sto per dirti!

Ogni giorno ricevo centinaia di messaggi di ragazze che mi scrivono che "mangiano bene", ma non riescono ad avere un fisico in forma come il mio e mi chiedono quali siano i miei segreti. In realtà non ci sono veri e propri segreti ma buon senso.

Per ottenere un fisico al top è necessario che tu comprenda che i dettami rigidi di una dieta ipocalorica non sono l'unico modo per avere un corpo atletico e in forma, anzi (ne avevamo accennato all'inizio se ricordi)
La forma fisica dipende molto anche dalla salute e per essere in piena salute dobbiamo mangiare in modo da completare le richieste nutrizionali dell'organismo.

Mangiare bene non significa mangiare pasta integrale, riso scondito e pollo ai ferri tutti i giorni: vuol dire mangiare anzitutto cibo fresco, sano e naturale. Quindi, possibilmente, limitare al minimo tutto quello che è confezionato e ricco di conservanti.

Il cibo fresco come la frutta, la verdura, la carne, il pesce, le uova è ricco di preziosi nutrienti che andranno a saziare il nostro fabbisogno placando la fame e dandoci tutta l'energia necessaria.

Ma rimane un "ma": non basta mangiare bene per avere un fisico atletico e performante, devi tener conto di alcuni importanti dettagli, scopriamoli insieme.

Devi conoscere il tuo punto di partenza ed il tuo punto di arrivo: ovvero che alimentazione hai tenuto fino ad ora e cosa desideri ottenere dal programma (tonificare, dimagrire).

Poi devi anche considerare la corretta combinazione dei cibi in modo da massimizzare la loro resa, senza stimolare i processi di ingrassamento ma completando il tuo fabbisogno nutrizionale.
In questo caso conoscere anche il tuo fabbisogno calorico giornaliero, settimanale e mensile, distribuito nei diversi

nutrienti. Deve esserti ben chiaro quanto mangi nel concreto per permetterti di gestire la tua alimentazione al meglio.

È molto importante conoscere l'apporto giornaliero di liquidi (diciamo pure acqua) e bilanciarlo con i sali minerali indispensabili (elettroliti) in modo da non causare ritenzione idrica, ma nemmeno una perdita drastica di preziosi sali minerali che altererebbe il tuo equilibrio metabolico.

L'alimentazione e l'attività fisica devono essere programmate in sinergia. Questo significa che se ti alleni molto e a lungo, non puoi permetterti di mangiare troppo poco, se invece ti alleni poco non puoi permetterti di mangiare in modo abbondante.

L'integrazione, infine, deve completare l'equazione precedente e deve essere di qualità certificata, altrimenti rischia di essere una spesa inutile o addirittura controproducente (soprattutto in caso di abuso o di scarsa qualità dei prodotti).

Questi punti sono fondamentali per ottenere risultati concreti e sostenibili nel tempo: in genere, per avere un'idea precisa, io compilo il diario alimentare utilizzando un'applicazione gratuita: MYFITNESSPAL disponibile sia per iOs sia per Android.

Grazie al diario alimentare posso scegliere in autonomia i cibi e crearmi, giorno dopo giorno, un piano alimentare perfetto per i miei obiettivi e che rispetti però anche i miei gusti senza rinunce particolari!

Ovviamente, anche in questo caso, potrai usufruire della consulenza gratuita per tutto il programma del mio team scrivendo ad assistenza@veronicatudor.it.

Utilizzare il diario alimentare ti consente di personalizzare la tua alimentazione in modo corretto e senza essere costretta a mangiare cibi che non rientrano nei tuoi gusti.

Certo, all'inizio dovrai impegnarti un po' a pesare e quantificare gli alimenti, ma vedrai che dopo pochi giorni sarai perfettamente in grado di programmare facilmente i tuoi pasti per rimanere nel tuo fabbisogno giornaliero.

Questo significa che, seguendo tali principi imparerai a gestire da sola la tua alimentazione senza dover sempre ricorrere all'esperto di turno: semplice, non trovi?

La cosa straordinaria di questo sistema è che ti permette di controllare gli "sgarri" senza poi doverti sentire in colpa, avendo perfettamente idea di come recuperare.

Ed ecco qui un altro segreto che molti non conoscono: gli "sgarri" sono indispensabili e sono ciò che ti permette di godere di un piano alimentare totalmente flessibile. Lo so, ti sembra incredibile.

Finora ti hanno fatto credere che mangiare bene corrisponda a mangiare senza gusto, senza sapore, senza condimenti. Ti hanno fatto credere che sia indispensabile rinunciare a talmente tanti alimenti che ormai non sai nemmeno più cosa mangiare, ed in questo modo la tua alimentazione è diventata sempre più grigia e per nulla appagante: sbagliato!

Il cibo è e deve essere un piacere, non una grigia prigione!

Ovviamente questo non significa che puoi ingozzarti come non ci fosse un domani ma semplicemente che puoi permetterti di mangiare in modo abbastanza libero senza troppe rinunce.

Quello che tengo a farti capire è che mangiare bene non significa rinunciare alla brioche la mattina e poi mangiare 2 chili di patate lesse, in questo modo ingrassi lo stesso. Invece, se ti concedi la brioche la mattina e mangi adeguatamente per il resto della giornata, la tua buonissima brioche non va ad intaccare minimamente il risultato finale.

Addirittura, puoi avere dei giorni interi di "sgarro" se poi riesci a recuperare il bilancio nutrizionale nei giorni successivi, perché conta molto di più quello che fai nel lungo periodo rispetto al singolo pasto.

Certamente, bisogna sempre considerare le condizioni soggettive personali; ovvero, valutare se devi perdere 2 o 20 chili: le cose possono cambiare notevolmente, soprattutto se desideri perdere peso nel più breve tempo possibile senza deperire.

Tutto dipende da qual è il tuo punto di partenza ed in quanto tempo vuoi arrivare a raggiungere il tuo obiettivo. Detto ciò, devi comunque considerare anche i tempi fisiologici obbligati: ovvero non puoi pensare di perdere 30 chili in un mese senza fare scelte drastiche e potenzialmente a rischio per la salute.

Spero tu abbia capito che, in sostanza, dire "io mangio bene" può voler dire tutto e nulla. Non è un metro utile con il quale puoi confrontarti se desideri vedere dei risultati.

Infine voglio svelarti l'ultimo, ma forse più importante, segreto di questa sezione dedicata all'alimentazione: alimentazione e attività fisica devono essere assolutamente programmate assieme.

Ne abbiamo già parlato: non puoi aumentare drasticamente gli allenamenti e contemporaneamente mangiare di meno.
Finiresti solo per bloccare il tuo dimagrimento, sempre ammesso che tu pensi al dimagrimento nello stesso modo in cui ci penso io: per me dimagrire significa perdere grasso corporeo e non perdere peso sulla bilancia, quello non lo guardo nemmeno.

Gli adattamenti per il nostro fisico sono piuttosto lenti e bisogna avere la pazienza ma soprattutto la determinazione di saper attendere.

Spesso potresti non vedere alcun risultato per settimane e poi improvvisamente quasi dal giorno alla notte trovarti trasformata. Per questo non devi avere fretta lasciandoti andare a diete ed allenamenti drastici, ma seguire un programma strutturato e soprattutto personalizzato sulla tua vita.

Con questo non voglio dire che ci devi mettere anni ad ottenere il corpo che desideri ma soltanto che la pazienza e la determinazione devono essere le altre due frecce del tuo arco.

Nello stesso modo anche completare l'alimentazione con i giusti integratori può essere un'ulteriore opzione da sfruttare per massimizzare i risultati. Te ne parlerò nel prossimo capitolo.

Come iniziare
Adesso, sai qual è il modo migliore di mangiare per diventare snella e tonica? Una volta che avrei preso l'abitudine di mangiare bene e di nutrirti con del buon cibo, ti garantisco che avrai molta

più energia, che sarai soddisfatta e ti sentirai molto meglio con il tuo corpo.

Sei pronta ad iniziare? Impegnati a mangiare sano per i prossimi 28 giorni. È questo il tempo che occorre per trasformare un'abitudine in un comportamento acquisito e per cominciare a sentirti più snella grazie a questo programma basato sia sulle tue reali esigenze sia sui tuoi gusti.

Ricorda: non si tratta di una dieta o di un programma alimentare restrittivo quello che stai per cominciare. Al contrario, prendilo come un nuovo viaggio che ti porterà a conoscere nuovi cibi e modi diversi di consumarli. Di seguito, ti riporto quattro passaggi per intraprendere il tuo nuovo viaggio con il piede giusto.

1. Ripulisci la tua cucina

Prima di iniziare la dieta, è necessario ripulire la tua cucina. Un metodo molto efficace per non cadere subito in errore è liberare la cucina da tutte le tentazioni. Prendi uno scatolone di cartone e comincia ad eliminare tutto ciò che può mettere a rischio il tuo piano: dolcetti, cibi surgelati e pizza, condimenti e salse, succhi di frutta, bibite gassate, patatine, salatini, cereali zuccherati ecc. Cerca di essere il più efficiente possibile. Affronta quest'attività con una bella pulizia di primavera.

2. Pianifica la dieta

È il momento di rifornire la cucina con cibi sani, freschi e puliti. Ma prima di recarti al supermercato o al negozio di alimentari, prepara una pianificazione. Se hai analizzato le tue abitudini alimentari è probabile che tu debba calcolare in modo diverso il tempo da dedicare alla preparazione dei pasti; ci vorrà, quindi, un po' di lavoro per capire quali cibi siano adatti alla tua nuova alimentazione e stile di vita.

Ti consiglio di scrivere esattamente quello che desideri mangiare per i prossimi sette giorni ad ogni posto: colazione, pranzo, cena, e due spuntini. Cosa scegliere? Scegli in base alle indicazioni che trovato in questo capitolo e ai tuoi gusti.

Dopo aver stilato un piano per i prossimi giorni, controllalo ancora qualche minuto, tenendo anche conto della tua agenda per assicurarti di avere il tempo necessario per preparare i pasti e gli spuntini che hai programmato.

Ricordati che puoi modificare il programma in base ai cibi che più ti piacciono e in relazione ai tuoi impegni in agenda.

3. Fai una buona spesa

Quando vuole fare la spesa, porta con te la tua pianificazione per i prossimi sette giorni. Per ottimizzare il tempo, infatti, puoi fare la spesa una sola volta alla settimana. Quindi fai in modo che sia più consistente, scegliendo i cibi che ritieni siano più adatti alle tue nuove abitudini.

Io quando va a fare la spesa inizio sempre dal reparto frutta e verdura. Un'alternativa, per alcune tipologie, possono essere le verdure congelate (attenta alle etichette degli ingredienti) che spesso sono meno costose di quelle fresche e dureranno a lungo.
La seconda fermata è al banco della carne fresca e del pesce, per proseguire verso il reparto della panetteria. Girando per le varie corsie, tieni bene a mente quello che hai imparato circa i cibi non lavorati; controlla che non contengano zuccheri o altri additivi e scegli olio di qualità come quello di oliva extra vergine. Per insaporire le tue pietanze ti consiglio di prendere anche delle spezie.

4. Mangia in casa

Quando avevo circa vent'anni ero sempre in giro per lavoro. Fare la modella mi ha sempre portato a viaggiare molto, e all'inizio non avevo le idee chiare di come si cucinasse. Oggi, invece, credo che tutte possano destreggiarsi ai fornelli, persino le più pigre come me. Oggi, per me è importantissimo prepararmi da sola i pasti, abitudine, questa, che mi ha aiutata a migliorare il mio aspetto E sentirmi veramente bene.

Lo so che probabilmente tu sei una donna impegnatissima ed è evidente che trovare il tempo per cucinare è molto impegnativo. Però, prova a pensare che la maggior parte dei cibi pronti, da asporto o dei ristoranti è fatta con ingredienti lavorati, manipolati, che contengono un numero elevatissimo di calorie; se ti capita di mangiare fuori 2-3 volte al giorno, ciò significa che consumerai altissime quantità di cibo industriale, evento che avrà un notevole impatto sul tuo organismo.

Anch'io sono una donna molto impegnata, ma se posso trovare io il tempo di cucinare i miei pasti, sono certa che potrai trovarlo anche tu. Una delle cose più belle che ho imparato da quando vivo in Italia è che selezionando cibi freschi e semplici ricette si possono preparare piatti facili e veloci, risparmiando tantissimo tempo (e denaro). Con mia sorpresa ho scoperto che a preparare una cena con prodotti freschi si impiega lo stesso tempo che a prepararne una con ingredienti industriali. Il risultato, però, è completamente diverso. Non credi?

RIEPILOGO DEL CAPITOLO 3:

- SEGRETO n. 1: la forma fisica dipende molto anche dalla salute e per essere in piena salute devi mangiare in modo completo.
- SEGRETO n. 2: mangiare bene vuol dire mangiare anzitutto cibo fresco, sano e naturale, evitando i cibi industriali.
- SEGRETO n. 3: devi conoscere la corretta combinazione dei cibi in modo da massimizzare la loro resa metabolica.
- SEGRETO n. 4: devi conoscere il tuo fabbisogno calorico giornaliero, settimanale e mensile, distribuito nei diversi nutrienti.
- SEGRETO n. 5: devi conoscere l'apporto giornaliero di liquidi e bilanciarlo con i sali minerali.
- SEGRETO n. 6: una guida esperta può facilitarti di molto le cose.
- SEGRETO n.7: alimentazione e attività fisica devono essere assolutamente programmate insieme.

Capitolo 4:
Come scegliere i migliori integratori

L'integrazione è la ciliegina sulla torta di una programmazione fitness e può realmente fare la differenza in molti casi. L'integrazione, come dice la parola stessa, va a completare le eventuali carenze alimentari.

Ma facciamo un po' di chiarezza…
Gli integratori alimentari… beh sono integratori! Gli integratori non sono come il cibo, ma sono pensati per integrare una dieta sana ed equilibrata, per aiutarci a rendere al meglio e raggiungere ottimi risultati.

Ci sono diversi miti riguardo agli integratori che possono spesso scoraggiare le donne dal provarli. Frasi quali "diventerai troppo grossa" o "sono solo per uomini" possono inibire e confondere, ma la verità è che gli integratori sono eccellenti sia per gli uomini sia per le donne e sono in grado di aiutarti a portare il tuo fisico ad un altro livello.

Per essere snella e tonica oltre ad un'alimentazione corretta ed equilibrata è fondamentale l'utilizzo di integratori specifici per le donne.

Allenarsi senza un adeguato supporto nutrizionale vuol dire raddoppiare la fatica per ottenere i risultati desiderati. I benefici che si ottengono mediante un supplemento alimentare sono numerosi, essi includono anche vantaggi estetici perché influenzano in modo positivo lo sviluppo degli annessi cutanei come unghie e capelli. Insomma, fattori estetici a cui noi donne teniamo particolarmente.

ALCUNI BENEFICI DELL'INTEGRAZIONE
- Migliorano la definizione e il tono muscolare
- Aumentano la massa magra
- Prevengono il catabolismo e riducono l'affaticamento muscolare
- Velocizzano i tempi di recupero
- Proteggono il muscolo dai danni ossidativi
- Forniscono substrati per la produzione di energia supplementare
- Supportano la crescita di capelli, unghie e turnover della pelle
- Aumentano la sensazione di sazietà

Vuoi raddoppiare i risultati di diete e allenamento?
Attraverso la corretta integrazione potrai migliorare notevolmente i tuoi parametri vitali, la tua forma fisica, la tua energia e tutto questo senza incorrere nei classici problemi che un'integrazione sconsiderata o di cattiva qualità può causare.

Proprio per questo io scelgo soltanto integratori di qualità certificata, possibilmente italiani, perché conosco bene chi li produce e perché la legislatura italiana è molto attenta in materia di alimentazione ed integrazione rispetto ad altri Paesi.

Devi sapere che i produttori di materie prime come le proteine del latte sono praticamente gli stessi a livello mondiale per quasi tutte le marche di integratori, ma quello che poi fa la differenza è la percentuale di materia prima che viene messa nel prodotto finale. Ciò che fa la differenza sono i coloranti e gli aromi: in Italia, ad esempio, è obbligatorio usare sostanze naturali mentre in molti Stati si possono usare sostanze chimiche che spesso, a lungo andare, possono creare intolleranze o problemi di digestione intestinale.

Io non vendo integratori e non ho alcun interesse in particolare a consigliarti un marchio piuttosto che un altro, ma desidero anche darti un consiglio esperto affinché tu possa ottenere gli stessi risultati che ho ottenuto io.

Andando al sodo, adesso ti farò una lista degli integratori generici di cui quasi ogni persona ha bisogno. Ti sembra contraddittorio rispetto a quanto detto prima?

Certo, in base alla tua alimentazione ci possono essere carenze specifiche in alcuni casi ma ci sono anche nutrienti che cronicamente mancano a tutta la popolazione per le più svariate cause: ad esempio tutte le persone occidentali alla nostra latitudine sono in genere carenti di vitamina D.
Inoltre ci sono caratteristiche ormonali che possono differenziare il fabbisogno nutrizionale fra uomo e donna.

Un esempio su tutti: noi donne abbiamo il ciclo mestruale, durante il quale un'adeguata integrazione può veramente fare la differenza. Se poi durante questo periodo si soffre anche di dolori acuti, alcuni semplici integratori possono risparmiarci una lunga cura farmacologica.

Per questo ho scelto di essere testimonial di una linea di integratori di altissima qualità dedicata esclusivamente a noi donne: la gamma Pink Fit.

Io non sono una che fa la pubblicità, ho iniziato ad usare alcuni prodotti di questa linea per pura curiosità, mi sono trovata molto bene e prendendo contatto con l'azienda per informazioni aggiuntive abbiamo poi deciso di legare la nostra immagine insieme.

Il primo prodotto di cui ti voglio parlare sono le proteine, nel nostro caso Pink Fit® Protein.
Pink Fit® Protein è un integratore in polvere costituito da un mix bilanciato di proteine del siero del latte e di proteine della soia e vitamine.

Le proteine del siero del latte, grazie al loro alto valore biologico, sono una forma superiore di integrazione proteica e sono consigliate per chi segue programmi finalizzati alla tonificazione della massa magra e alla definizione muscolare.

Le proteine della soia, invece, rappresentano una delle migliori fonti proteiche vegetali e sono un ottimo accompagnamento alle proteine del siero del latte. Pink Fit® Protein è un integratore pensato anche per sportivi celiaci perché privo di glutine.

Le proteine in polvere sono veramente un valido aiuto per completare il tuo fabbisogno giornaliero quando scegli di seguire un regime alimentare abbinato ad una programmazione sportiva di allenamenti.

Il secondo prodotto che mi ha colpita per efficacia e gusto è il Pink Fit® Drain: come puoi intuire dal nome è un drenante, ma non è il solito infuso insipido, ha un gusto agrumato davvero delizioso.

Pink Fit® Drain è un integratore liquido a base di estratti vegetali utili per favorire l'eliminazione dei liquidi in eccesso e sostenere in modo efficace le normali funzioni depurative dell'organismo.

Contiene inoltre preziosi elettroliti come il magnesio ed il potassio che sono minerali essenziali, indispensabili da integrare soprattutto quando si suda molto.

Mentre fra gli estratti vegetali troviamo il ginepro noto per le sue numerose proprietà benefiche fra le quali spicca la funzione di stimolo renale e di coadiuvante digestivo.

Le proprietà energizzanti e medicinali del tè verde sono ormai famose: è un antibatterico naturale, un potente antiossidante, può proteggere la pelle dai danni causati dai raggi UV grazie all'alto contenuto di catechine e, *dulcis in fundo*, alcune sostanze in esso contenute migliorano drasticamente le capacità dell'organismo di bruciare i grassi accumulati e ridurne l'assorbimento.

Per quanto riguarda invece gli estratti di betulla, verga d'oro, Pilosella, Ortosifon ed Equiseto questi sono tutti ottimi diuretici depurativi ed antinfiammatori.
Questo complesso naturale è davvero eccezionale, io ne ho sempre una buona scorta e lo adoro.

Dopo il Pink Fit® Drain, un altro prezioso alleato della mia dieta sono sicuramente le barrette Pink Fit® Colazione.
Pink Fit® Colazione è la nuova barretta ai cereali adatta ad una colazione veloce. Spesso è difficile fare una colazione corretta, specie quando si ha poco tempo: questa barretta ricca di fibre,

ferro e vitamine diventa una gustosissima colazione dall'elevato valore nutritivo.

Un altro valido aiuto per noi che siamo sempre oberate dagli impegni ed investite dalla fretta sono senz'altro le altre barrette Pink Fit® Pasto, ideale per chi cerca un "sostituto del pasto" equilibrato e completo; oppure Pink Fit® Bar, ricca di proteine con solo 99 chilocalorie, ideale come snack rompi digiuno tra un pasto e l'altro.

Quando invece ho il mio periodo, per migliorare l'umore ed evitare i dolori prendo Pink Fit® Dynamic, che è una pratica compressa effervescente ricca di ferro, magnesio e vitamina C al gusto di frutti di bosco. A Pink Fit® Dynamic abbino sempre gli Omega 3 che grazie alla loro spiccata azione antinfiammatoria, in sinergia con magnesio e ferro, sono un vero toccasana durante questi periodi difficili.

Infine, per contenere gli eventuali danni dei giorni di "sgarro" pesante, cene festive e tutte le occasioni mondane, uso il Pink Fit® Block: un integratore in compresse in grado di migliorare l'assimilazione dei grassi e contemporaneamente di controllare il senso di fame grazie all'azione sinergica di Garcinia, Cambogia, Chitosano e Nopal.

A questo link puoi scaricare la guida completa all'integrazione: https://www.veronicatudor.it/detail/i-migliori-integratori-per-le-donne/163.

Qui trovi invece gli integratori Pink Fit con il 20% di sconto, digitando in fase di ordine il codice "TUDOR":
https://www.veronicatudor.it/shop/2/.

Inoltre, le sorprese per te non sono finite qui. Infatti, insieme a Pink Fit abbiamo pensato di unire tutto l'essenziale in un unico comodo cofanetto che abbiamo chiamato Pink Fit® Slim.

All'interno di Pink Fit® Slim, puoi trovare un Pink Fit® Protein, 1 Pink Fit® Drain e 6 barrette Pink Fit® Bar. Avrai inoltre in omaggio il Pink Fit® Bikini, un programma di 4 settimane del valore di 97 Euro davvero completo con coaching, allenamento, alimentazione e integrazione.

Ovviamente, soprattutto in base alle tue abitudini alimentari ma anche al tipo di attività fisica che svolgi, possono essere utili altri integratori, ma questa è una questione da valutare caso per caso personalmente.

Sicuramente integrare ad esempio la vitamina D soprattutto nel periodo invernale, quando siamo più al chiuso e siamo molto meno esposte al sole può essere utile e intelligente. Magari accompagnata dalla vitamina K che ne migliora l'assorbimento.

Anche zinco e vitamina C durante il periodo invernale possono aiutare a non avere costanti raffreddori. Mentre durante l'estate, per salvaguardare la pelle, può essere sensato assumere della vitamina E magari accompagnata a del Beta carotene.

Insomma, l'argomento è veramente vasto ma se hai dubbi o credi di essere carente di qualche nutriente puoi sempre sfruttare la consulenza gratuita chiedendo un parere professionale al mio team, scrivendo la tua richiesta ad assistenza@veronicatudor.it.

RIEPILOGO DEL CAPITOLO 4:

- SEGRETO n. 1: l'integrazione deve soltanto completare la tua alimentazione.
- SEGRETO n. 2: meglio un'integrazione limitata e di qualità.
- SEGRETO n. 3: le caratteristiche ormonali possono differenziare il fabbisogno nutrizionale fra uomo e donna così come gli integratori.
- SEGRETO n. 4: l'integrazione può essere cambiata in base ai periodi.
- SEGRETO n. 5: io ho scelto la linea Pink Fit® perché sono integratori di qualità perfetti per il benessere e la forma fisica femminile.
- SEGRETO n. 6: ti abbiamo semplificato la scelta mettendoti a disposizione un comodo cofanetto chiamato Pink Fit® Slim.

Capitolo 5:
Come allenarti per avere un fisico al top

Per rispettare tutte le caratteristiche promesse nel primo capitolo, il programma di allenamento è strutturato in modo che sia molto flessibile e sostenibile da chiunque, anche per te che magari inizi soltanto ora ad allenarti.

Il programma è suddiviso e studiato per obiettivi specifici, questo perché è molto più semplice e rapido ottenere risultati se ti concentri su un obbiettivo piuttosto che lavorare un po' qua e un po' la in modo casuale (parleremo meglio dei vantaggi di questa programmazione nelle prossime pagine).

Per quanto riguarda gli allenamenti, dovrai eseguire gli esercizi a circuito e potrai godere di una vera e propria pausa per recuperare solo dopo averlo completato per intero. Per ogni esercizio disporrai di un tempo utile per eseguire quante più ripetizioni possibili con una buona tecnica, nonché di un tempo utile per riprendere fiato, prima di passare all'esercizio successivo.

Gli esercizi sono stati studiati in modo preciso in collaborazione con il mio personal trainer e sono specifici per ogni obiettivo. Non dovrai imparare centinaia di esercizi ma potrai concentrarti solo sugli esercizi ideali ad ottenere la trasformazione che desideri maggiormente.

Ovviamente potrai anche unire i diversi allenamenti specifici per lavorare contemporaneamente su più obiettivi, ma in questo modo prolungherai probabilmente le tempistiche per ottenere i risultati dovendo suddividere le energie in più direzioni.

Negli allenamenti avrai una progressione di difficoltà e di intensità del carico di lavoro, ma gli esercizi saranno sempre molto semplici e a corpo libero in modo da poterti allenare ovunque (è anche il motto del mio personal trainer: allenati ovunque in libertà).

Questa è proprio la cosa che amo di più della sua filosofia di allenamento: riesce a strutturare sempre dei programmi che mi permettono di allenarmi ovunque, in palestra come a casa, al parco o in spiaggia!

In ogni caso voglio precisare una cosa importante, lo devi sapere prima: la tecnica con la quale esegui gli esercizi è determinante, quindi devi concentrarti bene e seguire passo per passo i bellissimi video tutorial che ho pensato per te!

In questi video imparerai la corretta esecuzione degli esercizi, scoprirai quali muscoli attivare, in che sequenza e quando attivarli, in modo da essere sempre corretta e precisa nei movimenti. La sicurezza prima di tutto!
Proprio per questo ho pensato che ti sarebbe stato utile avere anche la sua descrizione del programma degli esercizi che troverai inserita in questo volume.

Per quanto facili siano gli esercizi proposti non è così immediato per chi inizia oggi capire come eseguirli tutti in modo corretto, senza commettere pericoli o errori che potrebbero compromettere i tempi della tua trasformazione. Per questo motivo ho coinvolto il mio team per regalarti una consulenza personalizzata. Ti basterà scrivere ad assistenza@veronicatudor.it.

Sì, hai capito bene, grazie a questo volume potrai usufruire della consulenza gratuita. È il mio regalo per te per ringraziarti della tua fiducia.

Non sottovalutare l'importanza di una guida esperta: applicare un programma fitness da soli è come avventurarsi in un sentiero di montagna sconosciuto senza guida e senza bussola.

Avere una guida esperta a tua disposizione può anzitutto ridurre drasticamente il tempo per raggiungere l'obiettivo, inoltre, risolvere facilmente ogni tuo dubbio, ti farà risparmiare tanta fatica superflua.

Certo, se sei già esperta e capace, puoi tranquillamente fare da te seguendo le indicazioni, ma considera che anche i campioni sportivi di qualsiasi disciplina, per quanto siano pluripremiati, si affidano sempre ad un preparatore.
Perfino il mio personal trainer si affida a sua volta ad un collega per la sua preparazione atletica.

Vuoi sapere perché? Il motivo è che difficilmente riusciamo ad essere realmente obiettivi con noi stessi ed un occhio esterno può sempre aiutarci a migliorare, qualsiasi sia il nostro livello.

Quindi, un'altra cosa che ho imparato è che l'umiltà di lasciarsi guidare risulta una carta vincente per chiunque desideri veramente trasformare la propria vita, per chiunque desideri un fisico al top.

Il mio obiettivo è quello di trasformare la vita di chi mi segue. Può sembrare ambizioso, lo so, ma credo che con questo volume siamo sulla buona strada per ottenere risultati fantastici.

Come ti ho svelato nel capitolo 1, l'allenamento deve essere sinergico agli altri 3 step per consentire una trasformazione visibile e sostenibile in tempi brevi.
Voglio svelarti anche un altro segreto importantissimo riguardo all'attività fisica.

Per attività fisica non si deve intendere soltanto l'allenamento: anche le attività quotidiane svolgono un ruolo determinante più di quanto si creda in termini di composizione corporea.

Mi spiego meglio: se tu fai un lavoro sedentario e nel tuo tempo libero ami stare sdraiata sul divano avrai certamente molto più da fare di chi magari ha un lavoro dinamico, in piedi e nel tempo libero non perde occasione per muoversi.

Che sia fare una passeggiata anziché prendere la macchina o salire le scale invece di prendere l'ascensore, queste micro attività quotidiane possono realmente fare la differenza riguardo alla tua forma fisica nel lungo periodo.

In realtà i grossi problemi di obesità che si riscontrano principalmente nelle popolazioni occidentali non sono dovuti soltanto ad una dieta scorretta, ma soprattutto alla sedentarietà.

Questo non lo dico io ma un'indagine condotta da numerosi ricercatori a livello mondiale. Questi ricercatori, durante i loro studi, hanno notato che la percentuale di popolazione obesa si riduce drasticamente quando si vanno a prendere in esame città nelle quali ancora si cammina molto: un esempio molto vicino a noi può essere la splendida Venezia.

Perciò un altro prezioso consiglio che desidero darti per ottenere un fisico al top è di aumentare le tue attività quotidiane: inizia ad andare al panificio a piedi, fare le scale quando devi salire alcuni piani, preferire la bicicletta all'automobile.
Vuoi mettere una bella passeggiata sul lungomare la sera, piuttosto che stare sempre sul divano a guardare i pessimi programmi che passano in tv?

Lo so, magari vivessi al mare. Ma anche il centro storico cittadino ha le sue attrattive, la campagna, il parco: insomma, dove vuoi, ma alzati da quel divano e comincia ad uscire... ti potrebbero capitare occasioni per socializzare e creare un nuovo gruppo di amanti del fitness.

Il tuo obiettivo
Come ti avevo anticipato nei primi capitoli, gli allenamenti sono dedicati ad obiettivi specifici.
Ho fatto questa scelta per rispondere alle esigenze precise di ogni ragazza che legga questo volume. Invece di strutturare, come fanno praticamente tutti, le classiche 4 settimane di lavoro solo per il dimagrimento abbiamo pensato fosse più interessante lavorare per obiettivi.

L'esperienza mia e del mio team ci ha portati a comprendere che per ottenere un miglioramento rapido e visibile in una specifica area del corpo è molto meglio concentrare gli sforzi, per un determinato periodo, con un allenamento mirato proprio a quell'area lì.

Ora non confondere questo sistema pensando che se desideri avere la pancia piatta dovrai fare solo centinaia di ripetizioni per gli addominali; così come se vuoi glutei alti e sodi dovrai concentrarti solo su squat e kickback.
Non è affatto così: gli allenamenti sono comunque completi, ma con un focus mirato sulle aree prescelte.

Ovviamente ogni obiettivo sarà accompagnato da alcuni consigli e dagli immancabili "segreti" che andranno a completare il programma specifico.

Ogni obiettivo prevede alcune piccole differenze sia alimentari sia di integrazione, mentre la motivazione e la determinazione dovranno rimanere sempre alte.
Certamente se hai più di un obiettivo potrai alternare le schede ma

considera che lavorare su più obiettivi rallenta la trasformazione finale suddividendo le energie.

Lavorando con questi programmi potrai ottenere nel breve periodo risultati eccezionali ma se protrarrai il lavoro oltre le 4-6 settimane probabilmente non vedrai ulteriori miglioramenti: questo perché dopo quel periodo avrai bisogno di ulteriori progressioni per migliorare ancora.

La stessa cosa la possiamo dire per l'alimentazione e l'integrazione.
Ad esempio, un'alimentazione ipocalorica con un apporto limitato di carboidrati, può realmente farti dimagrire molto nell'arco di 4-5 settimane, ma protrarla oltre potrebbe invece non portare più alcun beneficio.

Quindi cerca di non fare il grossolano errore che fanno moltissimi appassionati di fitness: ovvero quello di bloccarsi con delle programmazioni per mesi e mesi perdendo sostanzialmente tempo prezioso per ottenere un fisico al top.

Se desideri progredire oltre, se non sei ancora pienamente soddisfatta del risultato raggiunto, è assolutamente normale. L'ambizione non è un peccato, è uno stimolo: si può sempre migliorare, devi solo iniziare la gara con te stessa e chiedere sempre di più al tuo corpo gradualmente.

Ovviamente sia io sia il mio team rimaniamo a tua disposizione per accompagnarti verso il corpo dei tuoi sogni: ti basterà prenotare una consulenza personalizzata.

Come avere gambe snelle & toniche
Questo obiettivo è un must di ogni donna. Potersi permettere una bella minigonna per una serata fuori, attirando gli sguardi ammirati dei presenti, è una gran bella soddisfazione.

Ma delle gambe snelle e toniche sono possibili solo per chi è molto magra?
Assolutamente no, anche perché delle belle gambe non sono certo secche e senza alcun dettaglio. Per questo, per migliorare decisamente, soprattutto il tono delle tue gambe, non dovrai ridurre drasticamente l'alimentazione.

Tonificare significa "riempire" i muscoli e questo si può fare solo se l'alimentazione, ma anche l'idratazione, sono adeguate e complete.

La snellezza invece è frutto della riduzione di grasso e di acqua extracellulare (ritenzione idrica) ed anche in questo caso non si ottiene mangiando troppo poco ma mangiando i cibi corretti nelle giuste proporzioni.

Il discorso che più muscoli si hanno, più si bruciano i grassi è scorretto, ma può realmente dare un'idea di quello che serve: più muscoli significa anche più calorie consumate durante l'attività fisica, significa più calorie consumate a riposo, quindi significa essere più snelle.

Questo non vuol dire che devi essere muscolosa come un uomo: anzitutto perché se non hai disfunzioni ormonali proprio non puoi esserlo, in secondo luogo sarai proporzionata alle tue dimensioni, il tuo corpo è più intelligente di quanto credi.

Un altro punto importante da capire è che, per ottenere una trasformazione visibile nelle gambe, è comunque necessario lavorare anche in modo equilibrato allenando tutto il corpo.

Questo consente un ricircolo sanguigno che non farà ristagnare liquidi nella parte bassa del corpo.

Ora passiamo all'allenamento dedicato. L'allenamento specifico. In questo allenamento non hai un numero di ripetizioni da eseguire ma un tempo di lavoro nel quale devi fare tutte le ripetizioni che sei in grado di compiere, con la relativa pausa.

L'allenamento è a circuito quindi dovrai eseguire gli esercizi uno dopo l'altro rispettando i tempi di lavoro e di pausa.
Nella tabella trovi per prima l'indicazione dei circuiti da eseguire, poi l'indicazione del tempo di lavoro accanto all'indicazione del tempo di pausa, infine l'indicazione degli allenamenti settimanali da svolgere.

Puoi riposare circa 2 minuti al termine di ogni circuito. Quindi hai ad esempio 3/20/40x3wo: significa 3 circuiti con 20 secondi di lavoro e 40 secondi di pausa prima dell'esercizio successivo per 3 allenamenti a settimana.

Esercizi	Settimana 1	Settimana 2	Settimana 3	Settimana 4
GLUTE BRIDGE	5/15/45x3wo	4/20/40x3wo	3/25/35x4wo	3/30/30x4wo
PLANK	5/15/45x3wo	4/20/40x3wo	3/25/35x4wo	3/30/30x4wo
AIR SQUAT	5/15/45x3wo	4/20/40x3wo	3/25/35x4wo	3/30/30x4wo
MOUNTAIN CLIMBER	5/15/45x3wo	4/20/40x3wo	3/25/35x4wo	3/30/30x4wo
DINAMYC LUNGES	5/15/45x3wo	4/20/40x3wo	3/25/35x4wo	3/30/30x4wo
CRAWLING	5/15/45x3wo	4/20/40x3wo	3/25/35x4wo	3/30/30x4wo

Scarica la playlist del workout a questo link:

https://www.veronicatudor.it/detail/playlist-gambe-snelle-e-toniche/147

RIEPILOGO dell'obiettivo Gambe snelle e toniche:

- SEGRETO n. 1: devi garantire al corpo il nutrimento adeguato quindi non devi ricorrere alle diete ipocaloriche.
- SEGRETO n. 2: anche l'idratazione, ovvero bere il corretto quantitativo di acqua, è determinante per il tono muscolare.
- SEGRETO n. 3: devi mangiare i cibi corretti nelle giuste proporzioni per migliorare in modo evidente.
- SEGRETO n. 4: più muscoli equivale anche a meno grasso perché questi consumeranno più calorie anche a riposo.
- SEGRETO n. 5: un allenamento equilibrato è perfetto per ottenere i risultati che desideri soprattutto sulle gambe.

Come avere glutei alti e sodi
Anche questo obiettivo è molto richiesto da tutte le ragazze. Certo dei bei glutei armonizzano la figura e sono molto attraenti sia in spiaggia sia in città.
Avere dei glutei alti e sodi in parte dipende molto anche dalla tua genetica. Scommetto che è così che ti han sempre detto, vero?

Sbagliato, dipende moltissimo da quanto cammini durante la tua vita: ricordi quando in un capitolo precedente ti ho parlato del grado di obesità? Quando ti ho detto che dipende molto anche dall'attività quotidiana che svolgi, sì insomma, da quanto attiva sei nelle tue abitudini di tutti i giorni?

Per i glutei vale la stessa cosa, oltre ovviamente all'allenamento devi iniziare ad essere più attiva e muovere maggiormente il tuo sederino: che sia ballare, camminare di più, fare le scale o altro non ha importanza, l'importante è che tu stia il meno possibile sdraiata.

Queste abitudini attive miglioreranno anche la tua composizione corporea, quindi avrai meno grasso e di conseguenza dei glutei più definiti, alti e sodi.

Non solo, per avere dei glutei alti e sodi è opportuno allenare bene anche tutta la muscolatura limitrofa che funge da sostegno: quindi anche le cosce soprattutto posteriori (femorali *in primis*) dovranno essere toniche e forti.

Questo è il motivo per il quale abbiamo pensato ad un allenamento di attivazione per la prima parte, mentre nella seconda parte andrai a completarlo con esercizi funzionali per tutto il corpo. Ricorda che la bellezza in natura è armonia.
Inoltre il tuo corpo possiede un'intelligenza latente: non ti permetterà di ottenere risultati tangibili se non lavori in armonia.
Per questo devi smetterla di insistere sempre con le stesse cose: se non vedi risultati devi cambiare e affidarti agli esperti.

L'allenamento specifico
In questo allenamento non hai un numero di ripetizioni da compiere, ma un tempo di lavoro nel quale devi eseguire tutte le ripetizioni che sei in grado di fare, a cui farà seguito la relativa pausa. L'allenamento è a circuito quindi dovrai eseguire gli esercizi uno dopo l'altro rispettando i tempi di lavoro e di pausa.
Nella tabella trovi per prima l'indicazione dei circuiti da eseguire, poi l'indicazione del tempo di lavoro accanto all'indicazione

del tempo di pausa, infine l'indicazione degli allenamenti settimanali da svolgere.

Puoi riposare circa 2 minuti al termine di ogni circuito. Quindi hai ad esempio 3/20/40x3wo: significa 3 circuiti con 20 secondi di lavoro e 40 secondi di pausa prima dell'esercizio successivo per 3 allenamenti a settimana.

Esercizi	Settimana 1	Settimana 2	Settimana 3	Settimana 4
SINGLE LEG BRIDGE	5/15/45x3wo	4/20/40x3wo	3/25/35x4wo	3/30/30x4wo
LUNGES	5/15/45x3wo	4/20/40x3wo	3/25/35x4wo	3/30/30x4wo
JUMP SQUAT	5/15/45x3wo	4/20/40x3wo	3/25/35x4wo	3/30/30x4wo
BOX JUMP SQUAT	5/15/45x3wo	4/20/40x3wo	3/25/35x4wo	3/30/30x4wo
ARM PLANK	5/15/45x3wo	4/20/40x3wo	3/25/35x4wo	3/30/30x4wo
CRAWLING	5/15/45x3wo	4/20/40x3wo	3/25/35x4wo	3/30/30x4wo

Scarica la playlist del workout a questo link:
https://www.veronicatudor.it/detail/playlist-glutei-perfetti/144

RIEPILOGO dell'obiettivo Glutei alti e sodi:

- SEGRETO n. 1: l'attività motoria quotidiana ha un impatto determinante sul fatto di avere glutei alti e sodi.
- SEGRETO n. 2: oltre all'allenamento devi cambiare le tue abitudini e muoverti di più a piedi incrementando l'attività.
- SEGRETO n. 3: per avere glutei alti e sodi è bene allenare anche la muscolatura di supporto ai glutei stessi.
- SEGRETO n. 4: devi partire con degli esercizi che ti permettano di attivare efficacemente i glutei.
- SEGRETO n. 5: devi lavorare la muscolatura in modo armonico altrimenti i tuoi progressi stalleranno.

Come sconfiggere la cellulite

Sempre più donne soffrono di questo inestetismo che potremmo considerare in molti casi una vera e propria patologia.

Anzitutto, per curare la cellulite è necessario comprenderne le cause all'origine. Questo non è sempre facile perché in genere è frutto di un insieme delle cause più frequenti e quasi mai di una soltanto. Proprio per questo l'approccio necessario ad ottenere risultati in questo caso deve essere quanto mai sinergico in tutti gli step suggeriti nei capitoli precedenti.

Le cause più frequenti sono dovute sicuramente alla sedentarietà e all'alimentazione scorretta, ma in genere sono sempre presenti anche una parte congenita ereditaria e una parte ormonale.

Un esempio su tutti: chi di noi utilizza la pillola o altri anticoncezionali ormonali ha molte più probabilità di avere questo fastidioso inestetismo. Per questo pensare di curare la cellulite semplicemente mangiando "bene" e con un allenamento specifico è pura follia.

Noi in questo caso ti vogliamo comunque proporre delle soluzioni che possono essere il primo passo verso un netto miglioramento ma il suggerimento, il vero e proprio segreto, è quello di rivolgerti quanto prima al nostro staff per una valutazione personalizzata complessiva.

L'allenamento per migliorare le aree colpite da cellulite deve essere preciso e calibrato: troppo poco risulterebbe inutile, troppo, e magari scorretto, potrebbe peggiorare la situazione.

Un'altra causa poco nota è dovuta al ristagno venoso causato dalla scarsa mobilità delle anche. Questa scarsa mobilità rallenta il naturale circolo sanguigno facendo ristagnare i liquidi nelle aree specifiche contribuendo alla formazione della cellulite.

L'allenamento specifico.
In questo allenamento non hai un numero di ripetizioni da eseguire ma un tempo di lavoro in cui devi svolgere tutte le ripetizioni che sei in grado di compiere, a cui poi segue la relativa pausa.

L'allenamento è a circuito quindi dovrai eseguire gli esercizi uno dopo l'altro rispettando i tempi di lavoro e di pausa. Nella tabella trovi per prima l'indicazione dei circuiti da eseguire, poi l'indicazione del tempo di lavoro accanto all'indicazione del tempo di pausa, infine l'indicazione degli allenamenti settimanali da svolgere.

Puoi riposare circa 2 minuti al termine di ogni circuito. Quindi hai, ad esempio, 3/20/40x3wo: significa 3 circuiti con 20 secondi di lavoro e 40 secondi di pausa prima dell'esercizio successivo per 3 allenamenti a settimana.

Esercizi	Settimana 1	Settimana 2	Settimana 3	Settimana 4
PLANK	4/15/45x2wo	3/20/40x3wo	3/25/35x4wo	2/30/30x4wo
LUNGES ROTATION	4/15/45x2wo	3/20/40x3wo	3/25/35x4wo	2/30/30x4w
CRAWLING	4/15/45x2wo	3/20/40x3wo	3/25/35x4wo	2/30/30x4w
PLANK ROTATION	4/15/45x2wo	3/20/40x3wo	3/25/35x4wo	2/30/30x4w
AIR SQUAT	4/15/45x2wo	3/20/40x3wo	3/25/35x4wo	2/30/30x4w
MT.CLIMBER ROTATION	4/15/45x2wo	3/20/40x3wo	3/25/35x4wo	2/30/30x4w

Scarica la playlist del workout a questo link:

https://www.veronicatudor.it/detail/playlist-anticellulite/149

RIEPILOGO dell'obiettivo Anticellulite:
- SEGRETO n. 1: per curare la cellulite bisogna anzitutto capirne la causa scatenante.
- SEGRETO n. 2: possono esserci numerose cause che portano alla cellulite, per questo un'indagine personalizzata è quanto mai consigliata.
- SEGRETO n. 3: l'approccio deve essere perfettamente sinergico fra i 4 step principali.
- SEGRETO n. 4: anche in questo caso la sedentarietà è una delle cause principali: inizia ad eliminare la causa più semplice e poi valuteremo insieme le altre.
- SEGRETO n. 5: devi migliorare drasticamente anche la tua mobilità per non avere ristagno venoso.

Come avere una Pancia piatta

Anche questo obiettivo ha un vasto numero di soluzioni in quanto le origini dell'accumulo adiposo sulla pancia possono essere diverse e concatenate.

Facile pensare ad un'alimentazione scorretta e magari abbondante, ma spesso anche persone apparentemente piuttosto snelle hanno un basso ventre prominente, perché?

Il motivo è che questo ventre prominente può essere causato da intolleranze ad alcuni cibi (glutine e lattosio su tutti) che irritando l'intestino lo gonfiano. L'intestino irritato inoltre soffre di malassorbimento dei nutrienti che, quindi, rimanendo all'interno di esso, possono peggiorare la situazione.

In più questo malassorbimento si ripercuote sulla fame, poiché l'organismo comunque richiede il completamento del suo fabbisogno nutrizionale.

Insomma un intestino infiammato diventa un vero problema, uno dei primi sintomi visibili è anche la classica ritenzione idrica in zona ombelicale.

Per questo curare il tuo intestino può rivelarsi un ottimo inizio per ridurre il tuo ventre prominente.

Un'altra causa classica è relativa alla postura: una postura con lordosi lombare accentuata fa sembrare il tuo ventre più gonfio di quello che in realtà è.

Spesso tale postura è data da un pavimento pelvico scarso, da un eccessivo accorciamento dell'area lombare e dall'irrigidimento del muscolo ileopsoas.

La mobilità e lo stretching possono realmente modificare questa posizione con notevoli risultati per la tua figura estetica ma anche per la salute della tua schiena.

Infine, ovviamente, c'è la pancia da cumulo adiposo, per la quale, tutto sommato, il miglior risultato lo si ottiene facendo una moderata attività fisica ed una dieta ipocalorica fino al raggiungimento di un peso target per poi tornare gradualmente ad aumentare in proporzione attività fisica e calorie.

Come puoi vedere le cause di un ventre prominente sono molte e spesso anche concorrenti tra loro, ovvero sono più di una.

Per questo abbiamo pensato ad un allenamento posturale che possa gettare le giuste fondamenta per una pancia piatta da ammirare in spiaggia durante la prova costume.

Ovviamente con questo programma inizierai ad ottenere i primi risultati, ma per arrivare alla prova costume in splendida forma devi progredire facendoti seguire con una programmazione mirata e personalizzata in base alle tue caratteristiche.

L'allenamento specifico
In questo allenamento non hai un numero di ripetizioni da eseguire ma un tempo di lavoro nel quale devi svolgere tutte le ripetizioni che sei in grado di compiere, a cui segue poi la relativa pausa.
L'allenamento è a circuito quindi dovrai eseguire gli esercizi uno dopo l'altro rispettando i tempi di lavoro e di pausa.

Nella tabella trovi per prima l'indicazione dei circuiti da eseguire, poi l'indicazione del tempo di lavoro accanto all'indicazione del tempo di pausa, infine l'indicazione degli allenamenti settimanali da eseguire.
Puoi riposare circa 2 minuti al termine di ogni circuito.

Quindi hai ad esempio 3/20/40x3wo: significa 3 circuiti con 20 secondi di lavoro e 40 secondi di pausa prima dell'esercizio successivo per 3 allenamenti a settimana.

Esercizi	Settimana 1	Settimana 2	Settimana 3	Settimana 4
PLANK ROTATION	4/15/45x2wo	3/20/40x3wo	3/25/35x4wo	2/30/30x4wo
LUNGES ROTATION	4/15/45x2wo	3/20/40x3wo	3/25/35x4wo	2/30/30x4w
REVERSE CRUNCH	4/15/45x2wo	3/20/40x3wo	3/25/35x4wo	2/30/30x4w
RENEGADE ROW	4/15/45x2wo	3/20/40x3wo	3/25/35x4wo	2/30/30x4w
MOUNTAIN CLIMBER	4/15/45x2wo	3/20/40x3wo	3/25/35x4wo	2/30/30x4w
BICYCLE CRUNCH	4/15/45x2wo	3/20/40x3wo	3/25/35x4wo	2/30/30x4w

Scarica la playlist del workout a questo link:

https://www.veronicatudor.it/detail/playlist-pancia-piatta/143.

RIEPILOGO DEL CAPITOLO 5:

- SEGRETO n. 1: il programma di allenamento è strutturato per obiettivi specifici in modo da massimizzare i tempi.
- SEGRETO n. 2: gli allenamenti vanno eseguiti a circuito quindi facendo un esercizio dopo l'altro.
- SEGRETO n. 3: avrai a disposizione un tempo prestabilito per l'esecuzione di tutte le ripetizioni che sei in grado di fare.
- SEGRETO n. 4: avrai a disposizione un tempo prestabilito di pausa per riprendere fiato prima di passare all'esercizio successivo.
- SEGRETO n. 5: avrai a disposizione una pausa più lunga per riprendere fiato alla fine di ogni circuito.
- SEGRETO n. 6: ci sarà una progressione nell'intensità di settimana in settimana.
- SEGRETO n. 7: avrai la consulenza gratuita del mio personal trainer per tutto l'arco del programma, puoi prenotarla qui: http://tizianolelio.com/fisico-al-top-consulenza-gratuita/.
- SEGRETO n. 8: aumenta le attività quotidiane come salire le scale o fare lunghe passeggiate.
- SEGRETO n. 9: lavorare sugli obiettivi può consentire un miglioramento più rapido dove realmente desideri.

- SEGRETO n. 10: lavorare sugli obiettivi non significa allenare le parti che desideri isolatamente.
- SEGRETO n. 11: un allenamento completo dove però l'enfasi sia rivolta alla muscolatura target ottiene risultati più rapidi.

Esercizi

Di seguito trovi i miei esercizi consigliati per un fisico al top.

GLUTE BRIDGE

Un esercizio di base per attivare adeguatamente la catena posteriore: glutei, femorali, lombari, scapole e dorsali. Certamente la maggiore forzai dell'esercizio è a carico dei nostri amatissimi glutei ma gli altri muscoli non devono certo stare a guardare: è davvero importante che tu lo esegua attivando tutti i muscoli coinvolti in sinergia.

Esecuzione: distesa sul tappetino con le gambe piegate e aperte alla larghezza delle spalle, controlla di poter toccare i talloni con la punta delle dita. A questo punto solleva il bacino verso l'alto contraendo bene glutei, dorsali e scapole, mantenendo l'addome piatto. Solleva il bacino fino a che riuscirai a formare un'ideale linea retta che va dalle ginocchia fino alla testa.

Accortezze:

– contrai efficacemente i glutei distribuendo adeguatamente il carico di lavoro con i femorali, i lombari e le scapole;

– mantieni le scapole addotte e i dorsali contratti per abbassare le spalle evitando di portare il peso sul collo;

– mentre sollevi il bacino allarga le ginocchia verso l'esterno per attivare meglio i glutei.

Guarda il video al link: https://youtu.be/IOCFezFKm3o

PLANK

Il plank è un esercizio multiarticolare statico (o meglio isometrico) che attiva tutto il corpo. Anche se dovrai porre particolare attenzione alla sinergia fra glutei e addome, pure le scapole, le spalle e i quadricipiti dovranno fare la loro parte, altrimenti poi rischi di avere mal di schiena o contratture a spalle e cervicale (quindi fai attenzione al video!).

Esecuzione: distesa sul tappetino a pancia in giù porta i gomiti all'altezza del petto, attiva bene addome e glutei sollevando la pancia da terra, distribuendo il peso sull'appoggio di gomiti e punte dei piedi.

Accortezze:
– la sincronia fra addome, glutei, scapole e dorsali è indispensabile per una posizione corretta e senza sbavature;
– attenta a non abbassare la schiena quando chiudi le scapole: devi mantenerti ben dritta;
– tieni le gambe ben distese senza piegarle, abbassando le ginocchia;
– mantieni i gomiti sotto le spalle: se sono troppo avanti fai più

fatica a mantenere la schiena dritta, se sono troppo indietro potrebbero sovraccaricare spalle e cervicale;
– se fai fatica a sentire l'addome, prova stringendo forte le ginocchia tra loro.

Guarda il video al link: https://youtu.be/D6VAdBGtGlE

AIR SQUAT

Amo il senso di libertà e la carica fashion della parola "air"! L'air squat è una semplice accosciata a corpo libero senza l'utilizzo di alcun peso. Apparentemente piuttosto semplice, nasconde alcune piccole accortezze indispensabili per una corretta esecuzione. Molto dipende anche dalla tua mobilità e stabilità.

Esecuzione: in piedi con le gambe divaricate all'altezza delle spalle o poco più, i piedi aperti di circa 30°, esegui un movimento pelvico posteriore, portando il sedere indietro il più possibile. Quando non potrai più arretrare il sedere, inizia a piegare le ginocchia scendendo verso il basso ma ancora più indietro. Mantieni il petto alto e lo sguardo all'orizzonte in modo da rimanere in piedi.

Accortezze:
– le prime volte. se non hai pratica con questo esercizio, puoi posizionare uno sgabello o uno step dietro di te in modo da non avere paura di cadere all'indietro;
– puoi anche tenere le braccia aperte o in avanti in modo da bilanciarti meglio;
– cerca di non avanzare con le ginocchia oltre la punta dei piedi e di seguirne la traiettoria;
– non abbassare il petto verso il pavimento;
– non cedere con le ginocchia all'interno delle cosce;
– eseguilo a piedi nudi per migliorare la sensibilità dei piedi nei confronti del movimento e delle superfici in modo che il tuo cervello vada automaticamente ad equilibrare tutto il tuo corpo.

Guarda il video al link: https://youtu.be/6wGFKDF3GSM

MOUNTAIN CLIMBER

Letteralmente "scalatore di montagne" è un esercizio molto divertente e dinamico in cui si allena efficacemente tutta la muscolatura posturale: addome, glutei, scapole, quadricipiti, lombari. Inoltre inizierai ad affaticare un po' anche braccia, spalle e petto per sostenere la posizione statica della parte superiore del corpo.

Esecuzione: a terra a pancia in giù sul tappetino devi sollevarti in posizione di arm plank, quindi, invece che sui gomiti, questa volta dovrai sostenere il peso sulle braccia ben distese e posizionate esattamente sotto le spalle con scapole, addome e glutei ben contratti. A questo punto dovrai alternativamente portare le ginocchia al petto in modo sempre più rapido fino quasi ad eseguire un vero e proprio scatto da ferma.

Accortezze:
– cerca di non sollevare i glutei troppo in alto per non caricare eccessivamente spalle e cervicale;
– porta le ginocchia al petto eseguendo un movimento ampio;
– scapole contratte e spalle basse durante tutto il movimento;
– non sbattere i piedi a terra saltando con il posteriore.

Guarda il video al link: https://youtu.be/uqJNTHzRM9g

ARM PLANK

Del tutto simile al plank come concetto e posizione con l'unica differenza di dover tenere la posizione sulle braccia piuttosto che sui gomiti.

Esecuzione: distesa sul tappetino a pancia in giù porta le mani all'altezza del petto, attiva bene addome e glutei sollevando la pancia da terra e distribuendo il peso sull'appoggio di mani e punte dei piedi. Mantieni le braccia ben distese e sotto le spalle con il palmo della mano ben aperto per distribuire il carico efficacemente.

Accortezze:

– come nel plank sui gomiti la sincronia fra addome, glutei, scapole e dorsali è indispensabile per una posizione corretta;

– attenta a non abbassare la schiena quando chiudi le scapole, devi mantenerti ben dritta;

– tieni le gambe ben distese senza piegarle, abbassando le ginocchia;

– tieni le mani e le braccia sotto le spalle: se sono troppo avanti fai più fatica a mantenere la schiena dritta, se sono troppo indietro potrebbero sovraccaricare spalle e cervicale;

– se fai fatica a sentire l'addome prova a stringere forte le ginocchia tra loro.

Guarda il video al link: https://youtu.be/d7xlhl9s6lo

LUNGES

I lunges non sono altro che dei lunghi passi in avanti. Puoi eseguirli camminando lungo una traiettoria o in maniera statica rimanendo sulla stessa "mattonella". Puoi anche eseguirli allungando la gamba all'indietro, non c'è molta differenza, ma fai bene attenzione all'equilbrio.

Esecuzione: in piedi con le gambe divaricate all'altezza delle spalle o poco più, i piedi aperti di circa 30°, avanza allungando in maniera alternata una gamba in avanti, piegando quella che rimane in posizione di partenza per agevolare il movimento e l'equilibrio.
Devi scendere abbastanza facendo in modo di fare arrivare il sedere più in basso rispetto all'altezza del ginocchio della gamba in avanti; la tibia deve rimanere quanto più dritta possibile senza avanzare oltre la punta del piede.

Accortezze:
– fai un passo della lunghezza ideale da consentirti un movimento fluido e senza difficoltà;

– non portare il ginocchio a collassare verso l'interno della coscia per evitare di infortunarti;
– esegui questo esercizio a piedi nudi come l'air squat per consentire un appoggio stabile ed equilibrato;
– parti con le gambe alla larghezza delle spalle, prendendo magari una linea di riferimento: avanza la gamba sempre nella stessa direzione e sempre all'incirca alla stessa lunghezza;
– mantieni le scapole addotte e le spalle basse con l'addome attivo, in modo da avere maggiore stabilità;
– passi larghi verso l'esterno ti consentiranno maggiore stabilità e semplicità nell'esecuzione rapida dell'esercizio.

Guarda il video al link: https://youtu.be/TVZd49-3KEw

SINGLE LEG BRIDGE

Molto simile al glute bridge ma questa volta dovrai lavorare una gamba alla volta tenendo l'altra ferma. Questo esercizio va a migliorare l'attivazione dei singoli glutei ma anche la tua capacità di mantenere l'equilibrio in una posizione scomoda, dovendo attivare efficacemente il core addominale per non ruotare.

Esecuzione: distesa sul tappetino con una gamba piegata allineata con la spalla di riferimento e l'altra distesa a terra, solleva il bacino verso l'alto contraendo bene il gluteo della gamba piegata. La gamba distesa nelle prime esecuzioni potrà rimanere con il tallone in appoggio a terra, successivamente potrai mantenerla sospesa: all'inizio leggermente piegata, poi, mano a mano che prendi dimestichezza e forza nel core, potrai arrivare a tenerla dritta e ben distesa come nel video.

Accortezze:
– cerca di mantenere il busto ben allineato senza ruotare verso la gamba che rimane distesa;
– mantieni le scapole addotte e i dorsali contratti per abbassare le spalle evitando di portare il peso sul collo;

– mentre sollevi il bacino allarga il ginocchio verso l'esterno per attivare meglio il gluteo.

Guarda il video al link: https://youtu.be/7rm1deVGPRM

CRUNCH

Il più classico esercizio per gli addominali. Impara a farlo in modo corretto per ridurre veramente il tuo giro vita ed avere la pancia piatta delle modelle da copertina.

Esecuzione: distesa sul tappetino con le gambe piegate e le ginocchia ben strette l'una contro l'altra, con le dita dietro la nuca mantenendo il collo allineato con il busto senza andare a toccare il petto con il mento, solleva le spalle da terra contraendo bene l'addome.

Accortezze:
– mantieni la schiena ben schiacciata a terra senza inarcarla, rivolgi lo sguardo all'indietro per evitare di poggiare il mento sul petto;
– non è necessario che tu raggiunga le ginocchia come vedi spesso fare, devi soltanto contrarre l'addome;
– espira tutta l'aria possibile quando contrai l'addome in modo da consentire una contrazione migliore e più efficace;
– inspira quando torni in posizione, fallo lentamente in modo da affaticare maggiormente l'addome.

Guarda il video al link: https://youtu.be/0knnHXdQQU8

LUNGES ROTATION

Molto simile ai lunges ma questa volta, arrivata al termine dell'accosciata, dovrai fermarti ad eseguire una rotazione del busto verso la gamba avanzata. Esercizio molto performante per l'equilibrio e per assottigliare il giro vita.

Esecuzione: in piedi con le gambe divaricate all'altezza delle spalle o poco più, i piedi aperti di circa 30°, avanza allungando in modo alternato una gamba in avanti, piegando quella che rimane in posizione di partenza per agevolare il movimento e l'equilibrio. Arrivata alla fine dell'accosciata, mantenendo il petto alto, devi ruotare il busto lateralmente quanto più riesci nella direzione della gamba avanzata.

Accortezze:
– cerca di mantenere un buon equilibrio, questo è più complesso dei lunges, quindi fai attenzione;
– non abbassare il petto verso il pavimento durante la rotazione;

– sforzati di guadagnare sempre più gradi di rotazione di settimana in settimana.

Guarda il video al link: https://youtu.be/alx4RzYVFa4

RENEGADE ROW

Esercizio importante per lavorare i dorsali ma come sempre anche l'equilbrio ed il core. In questo caso dovrai mettere alla prova la tua forza addominale più che negli altri esercizi, soprattutto per mantenerti in posizione senza ruotare.

Esecuzione: distesa sul tappetino nella posizione di arm plank dovrai contrarre i dorsali sollevando alternatamente le braccia da terra, spingendo il gomito all'indietro portando la mano all'altezza del fianco. Guarda bene l'esecuzione nel video, fai molta attenzione ed esegui le prime ripetizioni lentamente in modo da prendere dimestichezza con il movimento.

Accortezze:
– all'inizio, per facilitarti nel mantenere l'equilibrio, tieni le gambe molto divaricate;
– bilancia bene il tuo peso fra le gambe e il braccio che rimane a terra;
– sforzati di non inarcare la schiena durante l'esecuzione dell'esercizio ma mantieni addome e glutei ben contratti.

Guarda il video al link: https://youtu.be/ByNPPDbEIuw

WALL ANGEL

Un esercizio che si usa moltissimo in osteopatia o comunque nella riabilitazione della corretta mobilità del cingolo scapolo-omerale. Davvero molto utile per migliorare la forza e la capacità di addurre le scapole in sinergia con la contrazione dei dorsali che abbassano le spalle. Come in tutti gli altri esercizi, la sinergia fra i diversi distretti muscolari è indispensabile ad un corretto movimento. Imparare bene questo esercizio significa avere la strada spianata per poi, più avanti, eseguire delle trazioni alla sbarra come una vera atleta di ginnastica!

Esecuzione: in piedi con le gambe divaricate, con la schiena e le spalle ben appoggiate ad una parete, le braccia piegate con i gomiti poco più alti delle spalle, dovrai contrarre in sinergia i dorsali.

Accortezze:
- cerca di mantenere un buon equilibrio, questo è più complesso dei lunges, quindi fai attenzione;
- non abbassare il petto verso il pavimento durante la rotazione;

– sforzati di guadagnare sempre più gradi di rotazione.

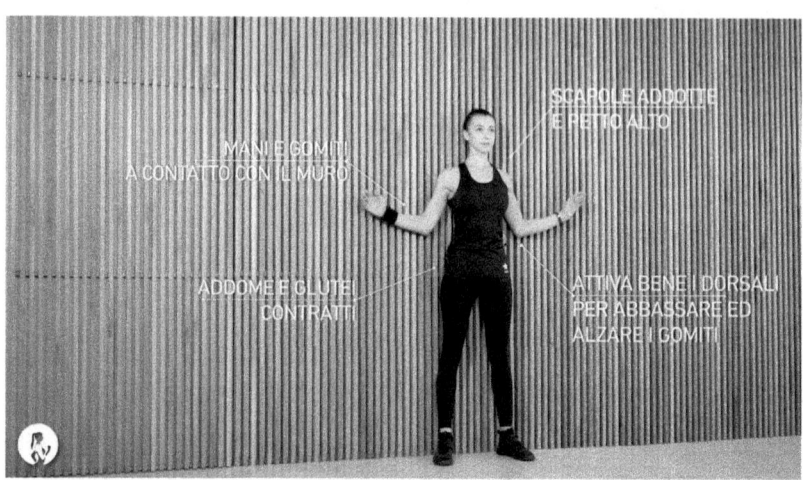

Guarda il video al link: https://youtu.be/UAljyAaoTyQ

KNEE PUSH-UP

Un esercizio che sembra impossibile un po' per tutte le ragazze, ma con pochi semplici accorgimenti diventa un must per il tuo allenamento! Se anche tu sei stanca di avere le braccia cascanti e molli e i dolori cervicali devi assolutamente fare questo esercizio nel modo giusto.

Esecuzione: distesa a pancia in giù sul tappetino nella stessa posizione dell'arm plank, questa volta piega le gambe allargando la posizione delle ginocchia in modo da poter unire le piante dei piedi. Da qui attiva molto bene glutei e addome contraendoli in sinergia con l'adduzione delle scapole e piega le braccia portando il petto a toccare terra mantenendo i gomiti stretti ai fianchi.

Accortezze:
– se all'inizio fai molta fatica puoi semplificare il movimento appoggiando le mani ad uno step o anche ad un supporto più alto;
– non perdere la contrazione di glutei, addome e scapole andando ad inarcare la schiena pericolosamente;
– mantieni i gomiti stretti, non devi assolutamente allargarli all'esterno altrimenti perderai la posizione corretta delle scapole andando a sforzare spalle e cervicale. Porta il petto a terra e non il naso, come fanno tante ragazze che vedo in palestra, o rischi di farti male se scivoli.

Guarda il video al link: https://youtu.be/fzNNECbYw_g

PLANK ROTATION

Questa volta il plank si trasforma in un esercizio dinamico fantastico per migliorare la circonferenza del tuo giro vita.

Devi eseguirlo bene, però, perché altrimenti, come in molti altri esercizi, rischi poi di avere contratture fastidiose soprattutto alla cervicale.

Esecuzione: distesa sul tappetino in posizione di plank, dovrai sollevare alternatamente le braccia ruotando il busto, portandoti in posizione di plank laterale, quindi sostenendoti soltanto su un gomito. Fai attenzione a contrarre bene le scapole portandole ad essere ben allineate l'una con l'altra per scaricare il carico corporeo in modo ottimale.

Accortezze:
– non avanzare con la spalla d'appoggio durante la rotazione;
– il gomito sul quale ti appoggi deve formare una linea retta che passa per la spalla, tocca entrambe le scapole ben allineate, la parte superiore della spalla fino ad arrivare al gomito sollevato;
– tieni pure le gambe bene aperte in modo da avere una posizione

più stabile e facile da mantenere;

Guarda il video al link: https://youtu.be/UzTqt7t9nOk

REVERSE CRUNCH

Un altro classico esercizio per gli addominali da fare distesa sul tappetino. Sono sempre i dettagli dell'esecuzione che fanno la differenza fra risultati e fatica inutile, quindi leggi bene la descrizione e osserva attentamente il video. Sono proprio gli esercizi apparentemente più semplici che spesso creano maggiori problemi di esecuzione: sembrano troppo facili!

Esecuzione: distesa sul tappetino a pancia in su, scapole ben addotte e braccia distese lungo i fianchi, con la testa appoggiata a terra contrai bene l'addome, sollevando leggermente le gambe da terra fino a sollevare leggermente anche i glutei. All'inizio puoi tranquillamente tenere le gambe piegate per un'esecuzione più semplice, in questo caso però cerca di mantenerle ben ferme in posizione: devi allenare l'addome a non muovere le gambe per imitare il movimento.

Accortezze:
– più tieni le gambe distese e rigide a pochi centimetri da terra, più l'esercizio sarà difficile e duro, più invece le sollevi o le pieghi, più diventa semplice;
– schiaccia bene la zona lombare a terra, cerca di evitare di inarcarti;
– attiva glutei e scapole in sinergia con l'addome e mantieni le ginocchia l'una contro l'altra per una migliore attivazione (puoi anche mettere un cuscino o una pallina fra le gambe per costringerti a tenerle ben chiuse).

Guarda il video al link: https://youtu.be/i-BIAkGiwXM

DYNAMIC LUNGES

L'unica vera differenza con i lunges è che questa volta dovrai eseguirli velocemente quasi saltellando da una gamba all'altra. Amo questo esercizio, mi sembra quasi un passo di ballo.

Esecuzione: in piedi, con le gambe divaricate all'altezza delle spalle, allunga alternatamente le gambe avanti e indietro eseguendo gli affondi in modo sempre più rapido, passando da una gamba all'altra in modo fluido. Cerca di mantenere un ritmo costante durante il tempo dell'esercizio ma non perdere la tecnica.

Accortezze:

– fai un passo della lunghezza ideale da consentirti un movimento fluido e senza difficoltà;

– non portare il ginocchio a collassare verso l'interno della coscia onde evitare di infortunarti;

– esegui questo esercizio a piedi nudi come l'air squat per consentire un appoggio stabile ed equilibrato;

– parti con le gambe alla larghezza delle spalle, magari prendendo una linea di riferimento: avanza la gamba sempre nella stessa direzione e sempre all'incirca alla stessa lunghezza.

– mantieni le scapole addotte e le spalle basse con l'addome attivo in modo da avere maggiore stabilità;

– passi larghi verso l'esterno ti consentiranno maggiore stabilità e semplicità nell'esecuzione rapida dell'esercizio.

Guarda il video al link: https://youtu.be/XPulJf42aQo

CRAWLING

Raro ma sempre più di moda oltreoceano è l'esercizio che ci insegnano i nostri figli quando hanno pochi mesi! Scherzi a parte, crawling significa letteralmente "gattonare" come fanno i bambini prima di imparare a camminare: certo nel nostro caso dobbiamo adottare alcune accortezze che lo rendano un esercizio performante, come ad esempio mantenere le ginocchia sollevate da terra. Può sembrare banale, la prima volta che l'ho fatto pensavo fosse una stupidaggine. Solo dopo mi sono resa conto di quanto sia duro camminare per diversi secondi in questa posizione.

Esecuzione: a pancia in giù, a quattro zampe sul pavimento, quindi appoggiando le braccia e le gambe (tenendo le ginocchia sollevate da terra), inizia ad avanzare gattonando. Sincronizza bene gambe e braccia in modo da avere un passo fluido a fai il tuo percorso avanti e indietro fino a che non termina il tempo.

Accortezze:
– tieni le scapole ben contratte ed il sedere in linea con la testa senza sollevarlo troppo, altrimenti rischi delle belle contratture alla cervicale;
– mantieni l'addome ben contratto evitando anche di accentuare troppo l'arco lombare;
– le mani devi tenerle ben aperte così come i piedi: cerca di distribuire il peso su questi quattro punti in modo equilibrato;
– avanza aprendo bene le anche portando il ginocchio all'esterno del gomito corrispondente.

Guarda il video al link: https://youtu.be/YKjMmfoXFNc

BICYCLE CRUNCH

Un bel mix fra crunch e reverse crunch dove sincronizziamo il movimento di gambe e braccia in modo da effettuare contemporaneamente la contrazione del retto addominale ed una torsione del busto che farà lavorare gli obliqui. Ottimo esercizio per completare l'allenamento settimanale dell'addome e migliorare il tuo controllo del core.

Esecuzione: distesa sul tappetino a pancia in su, scapole ben addotte, le dita a sostegno della nuca, contrai bene l'addome fino a portare alternatamente gomito e ginocchio opposto a sfiorarsi. Meglio se riesci a ruotare abbastanza da portare il gomito all'esterno del ginocchio opposto. Una gamba rimane quindi distesa e possibilmente sospesa a pochi centimetri da terra, l'altra invece la devi piegare portando appunto il ginocchio a sfiorare il gomito.

Accortezze:
– mantieni i gomiti fermi e larghi, non chiuderli verso il volto quando ti sollevi;
– anche le ginocchia devono percorrere una traiettoria dritta senza piegarsi all'interno verso la parte opposta;
– mi raccomando, l'obiettivo è allenare l'addome quindi, se non arrivi a toccare le ginocchia con i gomiti, non importa, l'importante è attivare bene l'addome;
– schiaccia bene la parte lombare della schiena a terra;

Guarda il video al link: https://youtu.be/xIUwMW4EUcU

JUMP SQUAT

Dopo aver imparato a fare lo squat nell'allenamento, a questo punto potrai divertirti a renderlo più dinamico: in questo caso eseguirai uno squat ma per risalire dovrai saltare atterrando poi di nuovo in accosciata. Ottimo per imparare anche ad ammortizzare efficientemente il salto e soprattutto efficacissimo per glutei d'acciaio: provare per credere!

Esecuzione: in tutto e per tutto come l'air squat ma questa volta arrivata in accosciata completa dovrai poi esplodere come una molla, cercando di saltare più in alto possibile, per poi atterrare ripetendo di nuovo l'accosciata per ammortizzare il salto e prepararti a saltare di nuovo.

Accortezze:

– mantieni bene l'equilibrio senza saltare in avanti ma verso l'alto;

– durante la ricaduta appoggia prima le punte dei talloni e piega contemporaneamente le ginocchia per ammortizzare la caduta;

– non fare la timida, salta veramente più in alto possibile, altrimenti qualcuno potrebbe pensare che non ti impegni sul serio;

– fai molta attenzione ad eseguire bene il movimento delle ginocchia soprattutto se in passato hai avuto qualche problema a queste preziose giunture.

Guarda il video al link: https://youtu.be/DR2n7Zcfkeg

PUSH-UP

Dopo che hai imparato ad eseguire bene lo knee push-up è il momento di passare al livello successivo ed iniziare a metterti alla prova con i veri push-up. Ricorda che la reale difficoltà non è la forza nelle braccia ma saper attivare in sinergia addome, glutei, scapole e quadricipiti come nell'arm plank: a quel punto il carico sulle braccia e sul petto sarà distribuito in modo ottimale e ti risulterà più semplice eseguirli.

Esecuzione: nella stessa posizione di partenza dell'arm plank, quindi a differenza dello knee push-up avrai le gambe ben distese, devi piegare le braccia portando il petto a terra e mantenendo il corpo ben allineato.

Accortezze:
– anche in questo caso se all'inizio fai molta fatica puoi semplificare il movimento appoggiando le mani ad uno step o anche ad un supporto più alto;
– non perdere la contrazione di glutei, addome e scapole andando ad inarcare la schiena pericolosamente;

– mantieni i gomiti stretti, non devi assolutamente allargarli all'esterno altrimenti perderai la posizione corretta delle scapole andando a sforzare spalle e cervicale;
– porta il petto a terra e non il naso, come fanno tante ragazze che vedo in palestra, o rischi di farti male se scivoli.

Guarda il video al link: https://youtu.be/GbMus2FXu0A

ARM PLANK ROTATION

Come nel plank rotation ma con l'appoggio sulle braccia invece che suoi gomiti. Devi eseguirlo bene però, perché altrimenti, come in molti altri esercizi, rischi poi di avere contratture fastidiose soprattutto alla cervicale.

Esecuzione: distesa sul tappetino in posizione di arm plank, dovrai sollevare alternatamente le braccia ruotando il busto portandoti in posizione di arm plank laterale, quindi sostenendoti soltanto su un braccio. Fai attenzione a contrarre bene le scapole, allineandole bene l'una con l'altra per scaricare il carico corporeo in modo ottimale.

Accortezze:
– non avanzare con la spalla d'appoggio durante la rotazione;
– il braccio sul quale ti appoggi deve formare una linea retta che passa per il gomito, la spalla, tocca entrambe le scapole ben allineate, la parte superiore della spalla fino ad arrivare al braccio sollevato;
– tieni pure le gambe bene aperte in modo da assumere una posizione più stabile e facile da mantenere.

Guarda il video al link: https://youtu.be/_I2tgz5uvCY

BOX JUMP SQUAT

Il livello di difficoltà aumenta ulteriormente; ora dovrai saltare sopra un box quindi non potrai più fare dei saltelli bassi ma dovrai confrontarti con una misura precisa ed essere in grado di saltarla e ricadere in cima a questa. Puoi usare un box ma anche delle scale, delle collinette al parco: indispensabile non farsi male, perciò scegli una misura di circa 20 centimetri più bassa della tua massima elevazione.

Esecuzione: in tutto e per tutto come il jump squat dall'accosciata completa dovrai esplodere come una molla cercando di saltare più in alto possibile, per poi atterrare sul box in accosciata e saltare all'indietro per prepararti al salto successivo.

Accortezze:
– mantieni bene l'equilibrio senza saltare in avanti ma verso l'alto;
– durante la ricaduta, poggia prima le punte dei talloni e piega contemporaneamente le ginocchia per ammortizzare la caduta;
– non fare la timida, salta veramente più in alto possibile, altrimenti qualcuno potrebbe pensare che non ti impegni sul serio;
– fai molta attenzione ad eseguire bene il movimento delle ginocchia soprattutto se in passato hai avuto qualche problema.

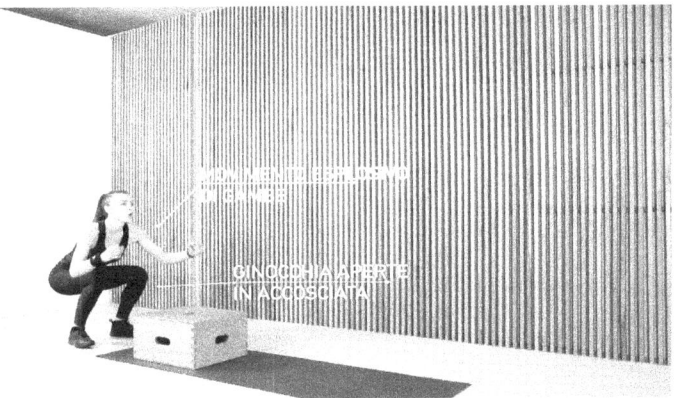

Guarda il video al link: https://youtu.be/dYtt3Uwl7us

MOUNTAIN CLIMBER ROTATION

La progressione dell'esercizio mountain climber prevede di incrociare alternativamente le ginocchia verso il pettorale opposto: questo consente di lavorare molto bene con tutto il core, obliqui compresi.

Esecuzione: a terra a pancia in giù sul tappetino devi sollevarti in posizione di arm plank, da qui dovrai alternativamente portare le ginocchia al pettorale opposto, incrociando quindi il movimento verso l'interno in modo sempre più rapido fino quasi ad eseguire un vero e proprio scatto da ferma.

Accortezze:
– cerca di non sollevare i glutei troppo in alto per non caricare troppo spalle e cervicale;
– porta le ginocchia al pettorale opposto eseguendo un movimento ampio di rotazione;
– scapole contratte e spalle basse durante tutto il movimento;
– non sbattere i piedi a terra saltando con il posteriore.

Guarda il video al link: https://youtu.be/naqD50KS50U

SPIDER PUSH-UP

Gli spider push-up sono davvero incredibili per quanto riescono a bruciare grasso in tutto il corpo. Un esercizio veramente intenso e performante che potrai eseguire una volta che avrai una buona capacità di controllo di scapole, core e glutei e quindi buone doti di equilibrio. Ho voluto inserirlo come esercizio di avanzamento premium per stimolarti a pretendere di più da te stessa.

Esecuzione: nella stessa posizione di partenza dell'arm plank, dovrai alternatamente spostare il peso verso destra e poi verso sinistra, andando a piegare le braccia come nei push up, ma questa volta portando il ginocchio della gamba della parte sulla quale hai distribuito il maggior peso a sfiorare il gomito.

Accortezze:
– non perdere la contrazione di glutei, addome e scapole andando ad inarcare la schiena pericolosamente;
– mantieni i gomiti stretti, non devi assolutamente allargarli all'esterno altrimenti perderai la posizione corretta delle scapole andando a sforzare spalle e cervicale;
– se riesci, appoggia il ginocchio proprio sopra il gomito.

Guarda il video al link: https://youtu.be/pbwk2oN66BM

RIEPILOGO DEGLI ESERCIZI:

- SEGRETO n. 1: tutti gli esercizi sono a corpo libero e puoi eseguirli ovunque.
- SEGRETO n. 2: in tutti gli esercizi, glutei, addome e cingolo scapolo-omerale lavorano in sinergia.
- SEGRETO n. 3: questi esercizi consentono un allenamento completo e migliorano al tempo stesso la tua mobilità.
- SEGRETO n. 4: le combinazioni degli esercizi vanno a formare le schede obiettivo.
- SEGRETO n. 5: le sequenze degli esercizi sono strutturate per massimizzare la resa della scheda obiettivo.

Conclusione

Sono felice per te. Sono fiera di te. Hai fatto quello che purtroppo poche fanno. Ti sei presa del tempo e hai investito su te stessa. Ora avrai dei risultati. Te lo meriti. Sono pochissime le persone che hanno il coraggio di cambiare per migliorarsi. Il tuo viaggio sarà unico, perché è il tuo, ma come spesso accade sarà disseminato di difficoltà, dovrai superare sfide e sconfiggere i tuoi nemici interni.

Sei una donna, una splendida creatura, tu sei unica e irripetibile. Nessuna è come te e nessuno vivrà la tua vita. Forse non otterrai il fisico dei tuoi sogni, ma ti assicuro che se manterrai fede a quello che ti sei promessa migliorerai la tua vita. Sei fortunata, hai la possibilità di scegliere, hai tutte le risorse e il tempo che ti servono per ottenere il fisico che desideri.

Prima di salutarci, vorrei che tu prestassi attenzione a un particolare che ha attraversato l'intero libro. La differenza che fa la differenza è FARE. Questo è l'aspetto centrale, quello che ti farà migliorare la tua salute e il tuo aspetto fisico. A fare la differenza è solo questo: decidi di impegnarti tutti i giorni in quello che ti fa star bene.

Non si tratta di estremismi riguardo all'esteticità fisica, ma stiamo parlando di te, della tua vita e della tua salute. Smetti di trovare scuse.

Scegli di fare di più. Il nostro breve viaggio insieme sta per giungere al termine e inizia il tuo percorso. Per me è stato un immenso onore e piacere stare con te. Non vedo l'ora di sapere dei tuoi successi. In attesa di incontrarci di nuovo, ricorda: amati.

Ringraziamenti

Questa è una delle parti più difficili nella stesura del libro. Come si fa a pensare a tutte le persone da ringraziare per avermi insegnato così tanto o per avermi aiutata in tutti questi anni? Proverò.

Allora, per cominciare, sono grata per ogni minuto della mia vita che mi ha portato a essere chi sono oggi. A me stessa, alla mia voglia di fare la differenza nella vita delle persone che chiedono il mio aiuto, perché davvero ogni cosa diventa possibile se ci credi e metti il cuore. Grazie ai Tudor: mio padre e mio fratello.

Grazie a Edoardo, che per primo ha creduto in me. Gli sono grata non solo per questo, ma anche per essere al mio fianco giorno dopo giorno, dimostrando di essere un uomo straordinario. Sono felice di averti aspettato, perché sono ogni giorno più innamorata di te. E poi senza di te non avrei mai creato una community di donne unite dallo stesso obiettivo.

Vorrei ringraziare la famiglia di Edoardo per avermi accolta subito nella sua casa e nella sua vita. Ringrazio tutte le mie amiche, le mie sorelle che ho in diverse parti del mondo, che mi ricordano chi sono e non lasciano che mi monti la testa.

Alla mia amica Dj Loira Linda per avermi fatto conoscere nuovi brani e per aver creato le playlist perfette per i miei workout che fanno scatenare le mie fit girls. Alla musica, in particolare il pop, che è sempre al mio fianco per motivarmi e ispirarmi.

Al team Tudor, lo staff, i consulenti e i trainer, ogni volta pronti a concretizzare le mie idee, non sempre semplici. Un grazie speciale al team di Bruno Editore, tra cui Roberto Bizzarri, e in particolar modo all'editore Giacomo Bruno che ha voluto questo libro: lavorare con te è un vero piacere.

Questo libro è anche frutto della loro passione e dedizione alla volontà di farci leggere libri di qualità in un mondo sommerso da intrattenimento e cose futili. Ad Alessandro Scaietti Martinelli per avermi presentato l'editore e per aver creduto in me.

Devo ringraziare le persone che fino ad oggi mi hanno donato le loro storie più intime e tutte quelle che me le doneranno. Grazie per aver arricchito la mia vita e avermi permesso di diventare parte della vostra.

A tutte le donne che ogni giorno mi seguono nel blog e non si fermano mai, che vogliono migliorarsi giorno dopo giorno. E a te. Per aver preso in mano questo libro, per averlo letto e, mi auguro, per aver trovato la voglia di prendere in mano la tua vita e iniziare ad agire nella giusta direzione. Perché, senza di te, questo libro non esisterebbe.

Un abbraccio grande,
Veronica Tudor

Riferimenti

Voglio consigliarti dei video che ho preparato per te.

Cambia la tua vita:

https://www.youtube.com/watch?v=2SS4Dg2Pqxg

Motivazione

https://www.youtube.com/watch?v=sZxqHU-3z5o

Risorse

Voglio consigliarti alcuni dei miei programmi di successo che hanno aiutato centinaia di donne nel loro percorso di trasformazione e possono esserti utili.

START!
La guida per essere sempre motivata e determinata in soli 5 giorni! START! è la guida pensata e creata per le donne che, proprio come te, desiderano migliorare l'atteggiamento mentale e aumentare la motivazione e la determinazione. Termina con successo ogni dieta e allenamento senza più ricadute!
https://www.veronicatudor.it/dettaglio_shop/1

SUPER DETOX
SUPER DETOX è la guida pensata e creata per le donne che, proprio come te, desiderano regalare nuova energia al proprio corpo, rivitalizzarlo, drenarlo e disintossicarlo. Puoi perdere fino a 3 chili in soli 7 giorni!
https://www.veronicatudor.it/dettaglio_shop/3

PINK FIT BIKINI

PINK FIT BIKINI è il programma di 28 giorni per dimagrire e tonificare il tuo fisico adatto a te se vuoi perdere dai 4 ai 6 chili in sole 4 settimane.

È il solo programma in Italia che ti offre un percorso di Allenamento in Video, con una dieta specifica che potrai stampare e dove ogni giorno ti guido per farti raggiungere il tuo fisico da bikini!

https://www.veronicatudor.it/dettaglio_shop/4

PINK FIT MODEL

PINK FIT MODEL è il programma di 12 settimane per dimagrire e tonificare il tuo fisico adatto a te se vuoi perdere dai 9 ai 13 chili in modo sicuro e senza stress. È il solo programma in Italia che ti offre un percorso di Allenamento in Video, con una dieta specifica che potrai stampare e dove ogni giorno ti guido per farti raggiungere il tuo fisico da bikini! Evoluzione del programma Pink Fit Bikini, è composto da 4 fasi attraverso le quali modellerai il tuo fisico ed acquisirai i metodi per mantenere per sempre il tuo peso forma ideale e un fisico snello e tonico!

https://www.veronicatudor.it/dettaglio_shop/18

SMART FITNESS

SMART FITNESS è l'esclusivo programma video personalizzato al 100% sulle tue esigenze e obiettivi, creato appositamente per te dal team Tudor della durata di 8 settimane. È un efficace programma che ti permette di allenarti e nutrirti nel modo corretto con le indicazioni di tutti i nostri professionisti.

Il team Tudor ti guiderà in un percorso che, giorno dopo giorno, ti aiuterà a tenere sotto controllo le tue abitudini, per ottenere il perfetto benessere fisico e mentale.
https://www.veronicatudor.it/dettaglio_shop/19

IL MIO COACH è il nostro servizio online di consulenza personalizzata. Scegli il professionista, parla dei tuoi dubbi o problemi e ricevi tutte le risposte. È un percorso di formazione esclusivo, costituito dai migliori metodi e strategie disponibili. Per anni riservata a una cerchia esclusiva di atleti, questa consulenza è oggi finalmente disponibile al pubblico che vuole portare la propria vita personale e la propria salute ai massimi livelli di soddisfazione e successo.

Puoi scegliere fra 3 professionisti accreditati del team Tudor:

- **Coach mentale**
- **Nutrizionista**
- **Preparatore atletico**

IL MIO COACH è una vera e propria soluzione a portata di click. Comodamente da casa tua potrai parlare e ricevere la soluzione che cercavi da tempo. Prenotando la tua consulenza personalizzata, ti aiuteremo a raggiungere quegli obiettivi che fino ad oggi non sei riuscita a conquistare da sola. Insieme, trasformeremo i tuoi sogni in obiettivi e i tuoi obiettivi in risultati reali.

Con il team Tudor potrai finalmente realizzare il tuo progetto più bello: te stessa!

https://www.veronicatudor.it/shop/3

DOVE TROVARMI

Blog:

www.veronicatudor.it

Facebook:

https://www.facebook.com/veronicatudorofficial/

Gruppo:

https://www.facebook.com/groups/pinkfitgirls/

Instagram:

https://www.instagram.com/veronica_tudor

YouTube:

https://www.youtube.com/c/VeronicaTudorFitnessBlogger

Oppure qui:

info@veronicatudor.it

www.ingramcontent.com/pod-product-compliance
Lightning Source LLC
Chambersburg PA
CBHW070451090426
42735CB00012B/2507